대구 독립운동유적 120곳 답사여행 2
동구·북구·수성구·달성군 편

책을 내면서

　제5차 교육과정 국정 고등학교 국사 교과서는 "1910년대에 가장 활발하게 활동한 독립운동단체는 광복회"라고 소개했습니다. 1910년대 초는 망국의 충격과 일제의 무단통치에 짓눌려 독립운동을 시도할 마음조차 제대로 내지 못한 실의와 좌절의 한때였습니다. 그러한 엄혹한 시기에 광복회는 투철한 의지와 강인한 실천력으로 담대한 투쟁을 선도함으로써 1919년 독립만세운동과 의열단을 비롯한 의혈투쟁의 노둣돌을 놓았습니다.

　"3·1운동 전야에 세인을 놀라게 한 장승원 사살"[1] 의거 등을 펼친 광복회를 두고 조선헌병대사령부는 조선총독에게 '3·1운동의 배경은 광복회의 활동'[2]이라는 요지의 평가보고서를 제출했습니다. 바로 그 광복회가 1915년 8월 25일, 다른 곳 아닌 바로 대구(!) 달성토성土城에서 결성되었습니다.

　대구사람들은 "해방의 그날까지 끝없는 항일 투쟁"[3]을 전

---

1) 박성수, 《알기 쉬운 독립운동사》(국가보훈처, 1995).
2) 국학자료원, 《대정 8년 조선 소요 사건 상황》(1995).
3) 김종규, 〈해방의 그날까지 끝없는 항일 투쟁〉, 《역사 속의 대구, 대구 사람들》(중심, 2001).

개했습니다. 일본제국주의가 마지막 단말마의 폭악 행위를 일삼던 1941년 8월 대구사범학교 학생·교사·졸업생·학부모 들이 한꺼번에 300여 명이나 구속되었을 만큼 대구인들의 독립운동 의지는 끝없이 강렬했습니다.

17세 이후 줄곧 대구에게 살면서 17차례나 투옥되었던 독립운동가이자 '광야'와 '청포도'의 시인 이육사는 의열단 단원이었습니다. 의열단은 대구은행 직원이던 이종암 지사가 만주로 망명하면서 가져간 자금으로 합숙 훈련 및 거처를 마련해 창립된 1920년대 대표 의혈 무장 독립운동단체입니다. '빼앗긴 들에도 봄은 오는가'의 민족시인 이상화와, 1936년 일장기 말소 의거를 일으킨 '운수 좋은 날'의 소설가 현진건도 대구 사람입니다.

현진건을 학습하게 되면 대한민국임시의정원 의원 등을 맡아 독립운동에 매진하던 중 끝내 순국한 현정건(현진건의 셋째형) 지사와, 그의 정인으로써 최초의 여성 의열단원이었던 '사상 기생' 현계옥에 대해서도 알게 됩니다. 동아일보는 1925년 11월 3일 현정건과 현계옥이 중국으로 망명하기 이전 10대 때 "밤마다 밤마다 영찬못(영선못)이란 련못가에서 시간을 명하여 두고 보고 십흔 사람을 차자 애타는 마음을 눅혓다"고 보도했습니다. 그 연못 자리가 바로 대구교육대학교 맞은편의 영선시장입니다.

앞에 간략히 말씀드린 데서도 짐작할 수 있듯이, 대구에는 독립운동 유적이 많습니다. 다만 시민들이 일목요연하게 현장을 답사할 수 있도록 안내하는 저술이 없었으므로, 2017년부터 2019년까지 3년에 걸쳐 제가 외람되이 《대구 독립운동유적 100곳 답사여행》이라는 저서를 집필·발간·수정 발간하였는데, 뜻밖의 좋은 평가를 받아 '대구시 선정 2019 올해의 책'에 뽑히기도 했습니다.

그 후 '이육사 작은 문학관'이 없어지고 군위군이 대구에 편입되는 등 변화가 일어나면서, 또 제작해둔 책이 소진을 앞두게 되면서 새로운 수정 증보판 발간이 시급해졌습니다. 어떻게 할까 고민하다가, 《대구 독립운동유적 100곳 답사여행》이 본래 두껍고 무거운데 그보다 더 심해지면 휴대하기 어렵다는 점에 생각이 미쳤습니다. 그래서 600쪽 안팎을 헤아리게 될 《대구 독립운동유적 120곳 답사여행》을 지역별로 나누어서 펴내기로 했습니다(1권 달서구·남구 편, 2권 동구·북구·수성구·달성군 편, 3권 중구·군위군 편).

독자들의 이해와 정서적 감동을 돕기 위해 곳곳에 소설 기법의 해설을 도입했습니다. 쓰기가 일반 설명문에 견줘 비교할 수 없을 만큼 힘들었지만, 그래도 집필을 마치고 나니 스스로 '잘했다!' 싶어 흐뭇하게 느껴집니다. 아무쪼록 이 책이 대구 독립운동 유적 답사에, 나아가 우리 사회에 건강한 시민정신이 확산되는 데 보탬이 되기를 소망합니다.

2024년 9월 2일
현진건 탄생 124주년에
정만진

대구 독립운동유적 120곳 답사여행 2
동구 · 북구 · 수성구 · 달성군 편

01. 광복 소나무 * 08
02. 봉무동 일제 군사 동굴 * 13
03. 도동 측백수림 일제 군사 동굴 * 18
04. 학승 독립만세 결의 유적 심검당 * 19
05. 산남의진 최후 유격전 현장 동화사 * 24
06. 대구 유일 마을 단위 독립만세운동 유적 여봉산 * 34
07. 채충식 지사 집터 * 37
08. 손양윤 지사 생가터 * 41
09. 구찬회 지사 생가터 * 43
10. 조현욱 지사 순국 기념비 * 47
11. 민족반역자 박중양 유적지 * 49
12. 채기중 지사 순국 기념비 * 56
13. 장윤덕 지사 순국 기념비 * 73
14. 신암선열공원 * 79
15. 금전고택 * 101
16. 안동농림 학생 의거지 * 106
17. '위안부' 수용 추정지 * 106
18. 조양회관 * 107

19. 이경희 지사 공적비 * 114
20. 우강 송종익 선생상 * 121
21. 350년 느티나무 * 127
22. 서상돈 묘소 * 128
23. 수기임태랑 묘 * 132
24. 이상화 시비 * 136
25. 양도일 소작쟁의 유적 * 158
26. 이경만 임시정부 조직원 유적 * 159
27. 서보인 보천교 유적 * 160
28. 서건수 파리장서 유적 * 161
29. 조은석 대구고보 투쟁 유적 * 163
30. 정학이 지사 동상 * 164
31. 문영박 지사 유적 * 167
32. 이현수 부자 유적 * 169
33. 문석봉 지사 생가터 * 171
34. 조기홍 지사 무기 은닉지 비슬산 * 174
35. 박용규 지사 유적 * 175
36. 이윤재 한글학자 묘터 * 176
* 현진건 장편소설 〈적도〉 등
현진건학교 회원 글 * 181

동구 도평로 116길 192-7 광복 소나무
독립의 기쁨을 담뿍 담아 식목한 역사의 나무

　동구 도평로 116길 192-7에 있는 "첨백당瞻栢堂은 단양 우씨들이 효자 우효중과 선비 우명식을 기리고, 자녀들의 교육을 행하기 위해 1896년(고종 33)에 지은 건물이다. 첨백당은 잣나무栢가 많은 골짜기에 있는 우명식의 묘소를 바라보는瞻 집堂이라는 뜻이다.
　첨백당 답사는 마을 어귀에 늘어선 충신·효자 비석군부터 예사롭지 않게 눈길을 끌고, 건물 바로 앞에 즐비하게 자란 아름드리 나무들과 예쁜 연못도 마음을 사로잡지만, 특히 눈여겨볼 것이 따로 있다. 뜰에 말끔하게 자라 있는 소나무 한 그루이다. 그 이름 '광복 소나무'.
　해방을 맞아 이 마을 청년들이 심었다. 소나무 앞에는 소박한 비석도 세워져 있다. 비석에는 '**檀紀 4278 8. 15 解放紀念**'이 새겨져 있다. 단기 4278년 8월 15일 해방 기념!
　소나무도 사람 키보다 조금 높은 수준이고, 비석도 무릎 밖에 안 오는 자그마한 크기이지만, 그 앞에 서면 이 세상의

앞의 "…" 부분은 2011년 5월 30일 오마이뉴스에 썼던 대구 동구 답사여행 안내문 일부이다. 이때 '광복 소나무'를 역사상 최초로 대중에게 알렸다고 생각하면서 스스로 감동했었다. 그만큼 '광복 소나무'는 마음을 뒤흔든 역사의 나무였다.

첨백당과 '광복 소나무'(2011년 5월 30일 촬영)

역사여행을 다니다 보면, 기둥에 장식 삼아 한시를 세로로 써 붙여 한껏 멋을 부린 오래된 집들을 자주 만나게 된다. 주련柱聯인데, 한문으로 되어 있어 이해하기가 쉽지 않다. 첨백당의 주련을 풀어서 소개하면 아래와 같다.

白駒繫場嘉賓永夕 백구집장가빈영석
흰 망아지 마당에 묶어 놓고 반가운 손님과 저물도록 이야기하네

黃鳥懷音有朋遠方 황조회음유붕원방
꾀고리 울음소리 그리움 깊더니 멀리서 친구가 찾아 왔도다

談經子弟遊焉息焉 담경자제유언식언
자손들에게는 학문으로 놀고 학문으로 쉬라 말하고

敍倫宗族歌斯聚斯 서륜종족가사취사
일가들은 인륜을 펼치며 이곳에 노래하고 모이니

維玆桑梓必恭敬止 유자상재필공경지
조상들의 무덤이 있는 고향에서 공경할 따름이라

矧彼松柏曾攀撫者 신피송백증반무자
저 소나무 잣나무 일찍이 어루만지며 놀던 나무라네

分內堂行孝悌而已 분내당행효제이이
분수에 맞게 마땅히 효도하고 아낄 뿐

餘外何求詩書自在 여외하구시서자재
여가에는 밖으로 나가 시서를 마음껏 놓아둘 궁리하네 ■

나중에 알고 보니, 2005년 8월 11일에 〈막걸리 먹는 '해방둥이' 소나무〉라는 제목의 연합뉴스 기사가 이미 있었다. 내가 쓴 광복 소나무 보도는 사상 두 번째 글이었다. 연합뉴스 기사문을 읽어본다.

"해방둥이 소나무가 막걸리를 마신다?

대구시 동구 도평동 새마을지도자협의회와 새마을부녀회가 광복 60주년이 되는 오는 15일 동네에 있는 한 소나무를 위한 특별한 행사를 준비했다.

이 소나무는 단양 우씨 집안의 한 후손이 1945년 해방의 기쁨을 함께 누리기 위해 도평동에 있는 우씨 제실인 첨백당(대구시 문화유산자료) 앞에 심은 것.

이 소나무는 사람으로 치면 '해방둥이'인 셈으로 대구에서는 광복을 기념해 심은 유일한 나무로 알려져 있다.

도평동 새마을 회원과 주민들은 광복절인 15일 오전 이 소나무 근처에 있는 잡초를 말끔히 제거한 뒤 영양제 대용으로 지역에서 생산되는 '불로 막걸리' 한 말을 뿌리 주변에 뿌려 주기로 했다.

도평동 새마을지도자협의회 서문교 회장은 '광복을 기념해 식수된 유일한 소나무로 알려진 만큼 이 소나무가 지역 주민들의 관심 속에 잘 자랐으면 하는 바람에서 행사를 계획했다'고 말했다.

동구 봉무동 1522 일제 동굴 진지
조선인을 강제 동원해 판 10기의 ㄷ자형 군사 동굴

    제주도 최남단 마라도와 가파도를 오가는 유람선 선착장 인근 송악산 해안 절벽에 가면 1940년대에 일본군 군사 시설로 만들어진 일(一)자형, ㄷ자형 등 다양한 인공 동굴 15기를 볼 수 있다. 국가등록문화유산[4](313호)[5]인 '제주 송악산 일제

---

    4) 2024년 5월 17일 문화재청이 국가유산청으로 바뀌었다. 국가유산청 누리집에 따르면, 국가등록문화유산은 '지정문화유산이 아닌 근현대문화유산 중 건설·제작·형성된 후 50년 이상이 지난 것으로서 보존 및 활용의 조치가 특별히 필요하여 등록한 근현대문화유산이다. (다만 긴급한 보호조치가 필요한 경우에는 50년 이상이 지나지 아니한 것이라도 국가등록문화유산으로 등록할 수 있습니다.)' 누리집은 '근대문화유산의 개념과 범위'를 '역사, 문화, 예술, 사회, 경제, 종교, 생활 등 각 분야에서 기념이 되거나 상징적 가치가 있는 것', '지역의 역사·문화적 배경이 되고 있으며, 그 가치가 일반에게 널리 알려진 것', '예술발전 또는 예술적 사조 등 그 시대를 반영하거나 이해하는 데에 중요한 가치를 지니고 있는 것'으로 설명하고 있다. '시·도등록문화유산'은 '시·도 관할구역에 있는 문화유산으로서 지정유산으로 지정되지 아니하거나 국가등록문화유산으로 등록되지 아니한 유형문화유산, 기념물 및 민속문화유산 중에서 보존과 활용을 위한 조치가 필요한 것을 시·도 조례에 의하여 시·도등록문화유산으로 등록한 문화유산을 지칭한다.'
    5) 2021년 11월 19일 문화유산에 붙어 있던 번호가 폐지되었다.

동굴 진지'의 주소는 제주도 서귀포시 대정읍 상모리 194-2번지이다. 1945년에 구축된 이 동굴 군사 진지는 소형 선박에 태운 인간 어뢰를 이용해 방어 작전을 수행하려던 일본 해군의 특공 시설로, 태평양전쟁 말기 수세에 몰린 일본이 제주도를 저항 기지로 삼았던 역사가 확인되는 유적이다.

대구에 이와 비슷한 일제 군사 진지가 있다. '대구 봉무동 일제 동굴 진지' 역시 1940년대에 군사 목적으로 구축된 동굴 형태 진지이다. 제주도 사례와 달리 일자형은 없고 모두 입구가 두 개인 'ㄷ'자형 진지만 10개소가 있다. 조선인들이 강제 동원되어 만든 것으로 전해지는 이 동굴 진지에 들어가 보면, 곡괭이나 쇠망치 등 원시적인 장비만 가지고 이 엄청난 석굴을 팠을 우리 선대들의 고통이 저절로 느껴진다.

대구 봉무동 일제강점기 동굴진지
(大邱 鳳舞洞 日帝强占期 洞窟陣地)

대구광역시 동구 봉무동 일원에 위치한 단산의 단애(斷崖)면에 20기의 인공동굴(人工洞窟)이 조성되어있다. 일제강점기 인공적으로 구축(構築)한 동굴형태(洞窟形態)의 군사진지이다. 이 인공동굴은 한국의 근세사(近世史)연구에 귀중한 자료로 평가된다. 이러한 인공동굴의 대표적인 예는 제주도 송악산 해안 일제동굴진지가 있다.

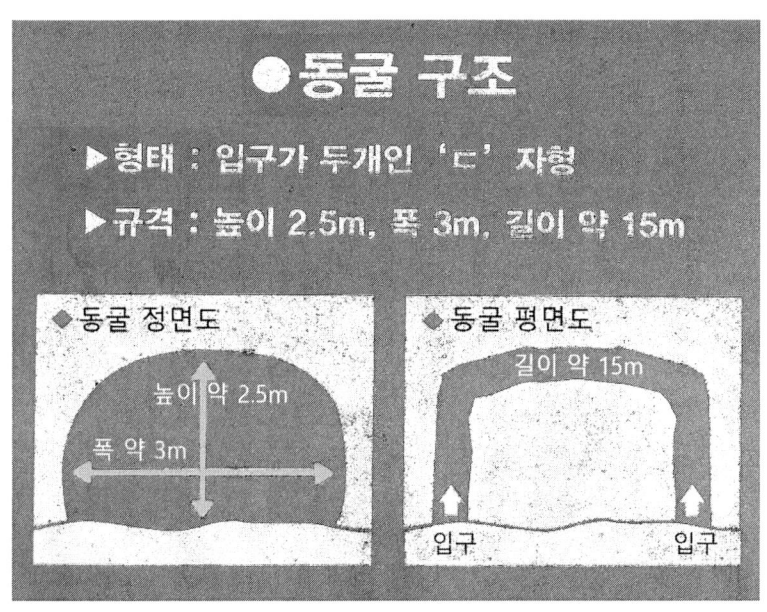

동구청은 10기 동굴 중 일부를 답사자들이 내부를 충분히 관람할 수 있도록 정비해 놓았다. 동굴 입구에 전등 켜는 장치가 있어 불을 밝히면 안이 환하게 보인다. 독립운동과 직접 관련되지는 않지만 식민지 폭정의 억압을 생생하게 보여준다는 점에서 봉무동 동굴 진지는 아주 훌륭한 일제 강점기 역사 유적임에 틀림 없다. 현지 안내판도 '일제 침략의 현장이 남아 있는 곳으로 다시는 되풀이 되어서는 안 될 우리의 아픈 역사 현장'이라고 해설하고 있다. 위치는 동구 팔공로 274(봉무동 1522) 이시아폴리스 더샾 2차 아파트 단지 뒤쪽의 봉무천 개울가 산비탈 일대이다.[6]

영남일보는 2015년 9월 18일 <일제의 전쟁물자・탄약 저장용 동굴진지… "청소년 역사체험장 활용 필요">라는 제목으로 봉무동 일제 동굴에 관해 보도했다. 이 기사에서 박진관 기자는 '단산 동굴진지 입구는 모두 서쪽을 향하고 있다. 동촌비행장에 착륙할지도 모르는 미군 전투기의 좌측 측면을 노리고 있기 때문이다. 인공동굴의 높이는 약 2.5m, 폭은 3m쯤 된다. 굴마다 길이가 다른데, 5~10m 사이이다.

---

6) 현지에는 이 책 15쪽의 안내판이 아니라 새 안내판이 세워져 있다. 새 안내판은 이곳의 동굴 진지가 '10개소'라고 소개한다. 그런데 이전 것인 15쪽의 안내판은 '20기'로 소개했었다. 동굴들이 ㄷ자형이어서 입구가 둘씩인 것을 각각의 동굴로 보고 20기로 계산한 결과이다.

일정한 간격으로 떨어져 있는 게 특징이다. 대공포와 전쟁물자, 탄약을 비치할 수 있는 충분한 공간이다. 당시 동원됐던 사람은 모두 조선인이며 봉무동, 불로동 등지에서 약 3천명이 강제로 징발됐다고 알려진다. 이들은 인공동굴과 수로 등을 만들었다.'라고 말했다. 정만진 대구GEO자문위원은 "일본이 태평양 침략전쟁 역사를 반성하기는커녕 하시마 端島(군함도)를 세계유산으로 등재하는 등 역사를 왜곡하고 있는 가운데 일제강점기 강제동원 피해기록을 유네스코 세계기록유산으로 등재하기 위한 노력이 일고 있다. 당시 전쟁유산도 잘 보존해 다크투어리즘을 활용한 평화교육의 장으로 조성하는 한편 그 증거로 제시함이 마땅하다."고 했다.

천연기념물(1호) 도동 측백수림에도 일제는 군사용 동굴을 파놓았다.

팔공산 동화사 심검당
사명대사의 승병 본부에 깃든 젊은 승려들의 기상

　큰 절들은 흔히 심검당尋劍堂이라는 현판을 단 집을 대웅전 옆에 거느리고 있다. 심검尋劍은 지혜를 찾는尋 칼劍이다. 대웅전大雄殿이 석가모니大雄를 모시는 집殿이므로 승려들이 그 바로 옆에 심검당을 지어놓고 밤낮으로 지혜를 간구하는 것은 당연한 일이다.

　동화사 대웅전 옆에도 심검당이 있다. 동화사 심검당도 승려들이 지혜를 찾기 위해 머무는 수도 공간이라는 점에서는 여느 절의 그것과 마찬가지이지만, 이곳에는 사뭇 다른 정체성이 깃들어 있다. 동화사 심검당은 독립운동 유적이다.

1919년 3월 28일 동화사 지방 학림學林[7] 학생들은 이곳에 모여 만세운동 동참을 결의했다.

1919년 3월 1일 우리 겨레는 3·1운동을 일으켰다. 불교계에서는 중앙학림 강사였던 한용운, 백용성 두 스님이 민족대표 33인으로 활약했다. 두 스님의 3·1운동 참여에 자극을 받은 중앙학림 학생들은 독립선언서를 전국 각지에 배포하고, 연고가 닿는 사찰을 찾아다니며 만세 시위 동참을 촉구했다.

당시 동화사 주지는 김남파金南坡였다. 김남파는 1917년 '비슬산의 산세와 대견사가 일본의 기운을 꺾는다.'면서 조선총독부에 대견사[8] 폐사를 청원하는 등 친일에 앞장섰던 인물

---

7) 학림은 승려 양성 기관으로 요즘은 보통 승가대학이라 부른다. 3.1운동 당시에는 서울에 있는 학림을 중앙학림이라 불렀고, 그 외 지역별로 존재했던 학림은 지방학림이라 했다. 중앙학림은 뒷날 동국대학교로 발전했다.

8) 대구시 달성군 유가면 비슬산 내마루능선의 대견사는 신라 흥덕왕(826~836) 때 창건된 고찰로 전해진다. 절 지을 곳을 물색하고 있던 당나라 문종(826~840)이 하루는 낯을 씻으려던 중 대야의 물에 매우 아름다운 경관이 뜬 것을 보았다. 문종은 그곳을 찾기 시작했다. 사신은 중국 전역을 배회했지만 찾지 못했고, 마침내 신라의 비슬산까지 왔다. 전설은 그런 과정을 거쳐 대견사가 창건되었다고 전한다.

따라서 대大국의 황제가 절경을 보고見 나서 지은 절寺을 의미하는 대견사大見寺라는 이름에는 사대주의적 가치관이 깃들어 있다. 그런가 하면, 대大국의 황제가 세수를 하려고 할 때 대야의 물에 절경이 나타나서見 절寺의 창건이 이루어졌으므로 본래 이름이 대

이다. 하지만 동화사 학림 학생들은 주지의 친일 행각과 정반대로 항일에 앞장섰다. 학승들은 현직 주지가 아니라 임진왜란 당시 동화사에 머물면서 영남 승병들을 지휘했던 사명

현사大見寺였다는 견해도 있다. 국사편찬위원회의 《조선왕조실록》은 大見寺를 번역하면서 태종 조에는 '대견사', 세종 조에는 '대현사'로 음을 달고 있다.

대견사 터에는 신라 때 축조된 듯한 길이 30m, 높이 6m의 축대가 남아 있다. 무너져 있던 것을 1988년에 복원한 통일신라 시기의 3층석탑(대구 유형문화유산, 높이 3.67m)도 있다. 그 외 10여 명이 앉을 수 있는 동굴대좌洞窟臺座도 있다. 이 동굴은 참선 또는 염불 도량으로 사용되었을 것으로 추정된다.

절은 임진왜란 때 폐사된 것으로 알려진다. 그 후 1611년(광해군 3) 중창되고, 1900년 들어 재차 중건되어 왕실의 사찰로 운영되기도 하지만 1917년 일제에 의해 다시 폐사되는 비운을 맞는다. 그로부터 100년 가까이 지난 2014년 대견사 터에는 새로 적멸보궁, 요사채, 산신각 등이 신축된다.

대견사에 있던 통일신라 장륙관음석상丈六觀音石像이 1416년(태종 16) 2월 29일과 1423년(세종 5) 11월 29일 땀을 흘렸다는 기록이 《태종실록》과 《세종실록》에 실려 있어 흥미를 끈다. 태종 조의 기록은 '경상도 현풍현 대견사의 관음觀音이 땀을 흘렸다.'이고, 세종 조의 기록은 '경상도 현풍현 비슬산 대현사의 석상石像 장륙관음丈六觀音에서 땀이 흘렀다.'이다.

실록의 장륙관음석상은 대구시 유형문화유산인 '달성 용봉동 석불 입상'으로 짐작되고 있다. 이 불상은 비슬산 자연휴양림에서 낙동강 강우관측소를 향해 올라가는 중 '빙하기 암괴류(천연기념물) 전망대'가 설치되어 있는 금수암에 못 미쳐 서쪽으로 들어가는 좁은 길을 따라가면 만날 수 있다.

대사의 웅혼한 기상을 따랐던 것이다.[9]

달성군 공산면 진인동 출신의 중앙학림 학생 윤학조尹學祚 (25세)가 3월 23일 대구로 내려와 동화사 학림 학생들의 만세운동에 불을 지폈다. 윤학조는 후배인 권청학·김문옥 등 동화사 학승들을 만나 서울에서 전개되고 있는 불교계의 만세운동을 알리는 한편 대구에서도 궐기할 것을 독려했다.

3월 28일 허선일許善一(23세), 권청학權淸學, 김종만金鍾萬, 이기윤李起胤(이상 21세), 김문옥金文玉, 김윤섭金潤燮, 이보식李普湜(이상 20세), 이성근李成根, 박창호朴昌鎬(이상 19세) 등 동화사 학승들은 심검당尋劍堂에 모여 만세운동 동참을 결의했다.

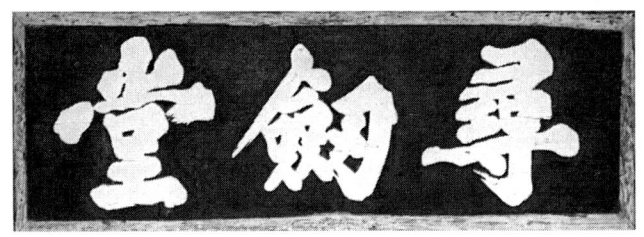

본래는 동화사 들어가는 길목의 공산면 백안동 백안장터에서 궐기할 생각이었다. 하지만 사람들이 훨씬 더 많은 대구 덕산정시장(현 관덕정 일원)으로 장소를 바꿨다.

덕산정시장 장날(30일) 하루 전인 29일 이들은 아미산(반

---

9) 봉서루 뒷벽에 영남嶺南 지역 치영 관아官衙(관청)의 문門을 가리키는 嶺南緇營牙門이라는 현판이 붙어 있다. 치영緇營은 승려의 옷을 치의緇衣라 부른 데서 연유한 명칭으로 승군僧軍 본부이다.

월당 남서쪽 언덕)의 동화사 포교당(현 보현사)에 모였다. 이들은 포교당에서 이튿날 만세운동에 쓸 태극기를 만들었다.

30일 오후 2시쯤 덕산정시장에는 3천여 명의 만세 소리가 우렁차게 울려 퍼졌다. 대구 최대 시위였다. 장날을 맞아 시장을 찾은 일반 민중들과 장사를 하는 상인들이 대거 참가해 목청껏 "대한독립만세"를 부르짖었다. 태극기는 긴 장대 끝에 달려서도 펄럭이고, 사람들의 손에서도 힘차게 나부꼈다.

일본 경찰이 긴급 출동한 것은 자명한 일이었다. 일경은 총칼을 휘둘러 군중을 해산시키는 한편, 주동자 10여 명을 체포했다. 윤학조, 허선일, 권청학, 김종만, 이기윤, 김문옥, 김윤섭, 이보식, 이성근, 박창호 등 10명은 모두 10개월의 실형을 언도받고 대구형무소에서 복역했다. ■

보현사 벽에 학승 독립만세운동 벽화가 게시되어 있다.

산남의진山南義陳 서부 본부 동화사
경술국치를 막기 위해 목숨을 건 의병들

1910년대 국내 무장 투쟁을 선도한 광복회光復會가 1915년 8월 25일 대구 달성토성에서 결성됐다.

이날 기존의 영주 풍기 광복단光復團과 대구 조선국권회복단朝鮮國權恢復團 등이 발전적 통합을 이루었다. 총사령 박상진朴尙鎭, 지휘장 우재룡禹在龍과 권영만權寧萬, 재무부장 최준崔浚, 사무 총괄 이복우李福雨로 지휘부를 구성한 광복회는 각 도별 지부까지 조직했다.

각 도 지부장은 경기도 김선호金善浩, 황해도 이관구李觀求, 강원도 김동호金東浩, 평안도 조현균趙賢均, 함경도 최봉주崔鳳周, 경상도 채기중蔡基中, 충청도 김한종金漢鍾, 전라도 이병찬李秉燦이 맡았다. 광복회는 나아가 만주 지역 독립 투쟁을 책임질 부사령으로 이석대李奭大(이진룡)를 임명했고, 이석대가 순국한 뒤에는 김좌진金佐鎭을 파견했다. 한국학중앙연구원 《한국민족문화대백과》에 따르면 '경상도·충청도·황해도 지부가 가장 규모가 컸으며 활동도 활발했다.'

광복회의 지휘장 우재룡은 1884년 1월 3일 경상남도 창녕

군 지포면(현 대지면) 왕산리에서 아버지 우방희禹邦熙와 어머니 강부여姜富與의 5녀1남 중 막내로 태어났다. 우재룡은 나이 18세 되던 1902년 구한말 한국의 군대인 '대구 진위대'에 입대했다. 그는 대구진위대 3대대에서 근무하고 있던 1906년 7월 '대구 감옥'에 수감 중인 산남의진山南義陣 창의장倡義將 정용기鄭鏞基를 운명적으로 만난다. 전국 애국지사들이 정용기를 출옥시키기 위해 뜨거운 석방 활동을 펼치는 것을 보고 감동한 우재룡은 독립운동에 투신하기로 결심한다.

1907년 일제가 한국 군대를 해산시킨다. 대구진위대에서 5년 동안 근무했던 대한제국의 군인 우재룡은 집으로 가지 않고 멀리 경북 청송으로 간다. 산남의진으로 찾아가 자원하여 의병이 되려는 걸음이었다. 당시 그의 나이 24세였다.

1907년 7월 12일 산남의진 연습장練習將(훈련 담당 장교) 우재룡은 처음으로 출병한다. '(우재룡 등) 군인들이 의병들의 훈련을 담당하면서 전투력이 크게 향상된'[10] 산남의진군은 7월 17일 청하 전투, 8월 24일 영천 노항동 전투 등 초기에는 승리하지만 9월 1일 포항 죽장 입암에서 대패한다. 이 전투에서 대장 정용기, 중군장 이한구, 참모장 손영각, 좌영장 권규섭 등 핵심 장수들을 잃었고, 병사들도 19명이 전사했다.

우재룡은 흩어진 군사들을 모으는 한편 선봉장先鋒將의 어려운 직책을 자임해 의병들의 사기를 높였다. 우재룡 등은

---

10) 국가보훈처 《2009년 1월의 독립운동가 우재룡 선생》

전사한 정용기(1862~1907)의 아버지 정환직鄭煥直(1847~1907)을 찾아 세상을 떠난 아들을 대신해 의병장을 맡아달라고 청하였다. 의병을 일으키라는 고종의 명을 받들어 영천 일대에서 창의한 후 아들 정용기를 의병장으로 내세웠던 정환직은 61세 고령도 아랑곳하지 않고 대장 역할을 수락했다.

정환직은 영천과 청송 사이 보현산 등 험지를 근거로 삼아 유격전을 펼쳤다. 동해안 청하, 흥해, 영덕 등지가 산남의진의 주된 활동 무대였다. 하지만 포항시 죽장면 상옥리(현 경북수목원 동편) 계곡에서 일본군과 접전을 벌이던 정환직 의병장은 1907년 12월 11일 적에게 사로잡혀 순국하고 말았다.

산남의진은 1908년 3월 흥해 출신의 최세윤崔世允을 3대 의병장으로 추대하여 조직을 재정비했다. 그 이후 정환직 의병장 때 추진했던 관동 지역으로의 북진을 포기하는 대신 경상도 일원이라도 튼튼하게 확보하기로 결의했다. 이제 우재룡은 영천 서부 지역 책임을 맡게 되고, 동화사를 본부로 팔공산 일대에서 유격전을 펼치게 된다.

팔공산

그러나 산남의진의 활동은 의병장 최세윤과 선봉장 우재룡이 일본군에 체포되는 1908년 여름 사실상 마감된다. '내란죄'로 종신형 처분을 받아 복역하던 우재룡은 1911년 '합방특사'로 풀려나지만 다시 광복회(56쪽) 활동을 시작한다. ■

정환직 의병장이 피체되고, 다시 우재룡이 피체되기까지의 산남의진 활동을 소설 형식으로 소개합니다.

1907년 12월 11일, 정환직은 죽장 상옥마을 각전에 머물러 있었다. 산남의진이 일단 해산한 후 개인 또는 소규모 북진을 시도 중이라는 첩보를 접수한 일본군이 그 일대를 에워쌌다. 장수들을 각각 출발시키고 이봉수, 박기원 등 몇 명의 병사들만 거느리고 있던 정환직은 속수무책으로 사로잡혔고, 급기야 12월 20일 영천 남교에서 처형되고 말았다.

그로부터 한 달여 지난 1908년 2월 2일은 설날이었다. 보현산 자락 거동사(영천시 자양면 사곡길 77-81)에 모인 정순기, 이세기, 우재룡 등은 정환직·정용기 부자 대장을 비롯해 그 동안 순국한 의병들을 기리는 제사를 지냈다.

"세상에 어찌 이런 설날이 다 있단 말인가……."

모두들 눈물을 쏟으면서 상에 절을 올리고, 음복을 했다.

"앞으로 어떻게 하면 좋겠는가?"

정순기가 좌중을 둘러보며 물었다. 임용상[11]이 얼굴을 일그

---

11) 대구 앞산 큰골에 흉상이 세워져 있다.

러뜨린 채 말했다.

"어른(정환직)께서 마지막으로 하신 말씀이 무엇입니까? '우리는 만 번 죽더라도 끝까지 싸워야 한다.'고 하셨습니다. '13도 창의군'12)이 서울 공략에 실패하고 흩어진 지금 상황을 감안하면, 우리가 북진을 해야 하는지 잘 판단이 서지 않지만, 어쨌든 이곳에서 죽도록 싸우든가…… 무엇이든 해야 합니다."

우재룡이 뒤를 이었다.

"보경사에 있을 때 도찰사 어른께서 '농고가 나의 책임을 다할 수 있는 인물이니 대장으로 모시도록 하라.'고 하셨습니다."

우재룡의 말이 끝나기 무섭게 정순기가 화답을 했다.

"선봉장의 말이 옳다. 우리끼리 향후 방책을 논의할 것이 아니라 농고를 찾아 그의 혜안에 의지하는 것이 상책이다."

농고農皐는 최세윤의 호로, 정순기와 최세윤은 42세 동갑이었다. 모두들 고개를 끄덕이자 정순기가 다시 말했다.

"농고를 이곳으로 모셔 오기 이전에 흩어진 장졸들부터 모두 재결집해야겠소. 내가 선봉장, 중군장과 더불어 농고를 찾을 테니 다른 영장들은 군사들을 그 동안 다시 모으시오. 아직은 각자 자기 고향에서 군수품을 조달하느라 관동으로 출발한 사람은 거의 없을 게요."

정순기, 우재룡, 이세기가 찾아와 '산남의진이 보경사에 주둔

---

12) 전국 13도에서 1907년 12월에 궐기한 의병 연합부대가 서울을 공략하기 위해 동대문 인근까지 진군했다가 1908년 1월 끝내 실패하였다. 이때 군사장이 왕산 허위였다. 그래서 현재 동대문 앞 도로에 '왕산로'라는 이름이 붙어 있다.

할 때 도찰사 어른께서 당신의 대를 이을 의병장으로 놓고 선생을 지명하시었소.'라고 말하자, 최세윤이 대답했다.

"나는 여러 동지들과 더불어 몸을 국난에 바치기로 일찍이 맹세한 바 있소. 다만 일신의 사사로운 병을 못 이겨 후방에서 남은 목숨을 보존해 왔소. 그 동안 혼돈한 세월이 얼마나 흘렀으며, 고난과 풍파가 얼마나 덮쳐왔는지 내 어찌 모르겠소. 나에 앞서 순국한 동지들이 아둔한 이 사람을 얼마나 원망하리오. 어찌 더 이상 아픈 몸과 치료를 핑계로 시일을 또 허비하겠소! 자, 가십시다!"

아픈 몸을 이끌고 거동사에 당도한 최세윤은 정순기 이하 영장들과 논의를 마친 후 향후 활동 방략을 정했다.

"북상은 가능하지도 않고, 의미도 크게 없어졌소. 13도 연합 창의군이 모두 흩어져 지역별로 활동하게 되었기 때문이오. 지금부터는 지구전을 펼쳐야겠소. 왜적이 소위 '초토화 작전'[13]을 개시했으니 의병은 지리에 익숙한 이점을 십분 활용하여 적과 맞서야 할 것이오. 산남의진은 본부를 (청송 주왕산 동남쪽 12km 거리) 동대산 험한 골짜기에 두고, 각 부대는 도내 곳곳에 분산 주둔하면서 유격전을 전개하겠소."

산남의진 본부는 대장 최세윤, 중군장 권대진, 참모장 정래의, 소모장 박완식, 도총장 이종곤, 선봉장 백남신, 연습장 김성

---

13) 1909년 9월 1일부터 10월 30일까지 약 두 달에 걸쳐 일본은 대한제국 내 전라남도와 그 외곽지대에서 활동하는 항일의병들을 진압하기 위해 대규모 작전을 벌였다. 일본은 이를 '남한 폭도 대토벌 작전'이라 했다.

일, 후봉장 최치환, 좌포장 최기보, 우포장 이규필, 장영집사 이규상, 군무집사 허서기로 꾸려졌다. 본부 구성은 정용기, 정환직 대장 때와 유사했다. 그러나 지역별 책임자를 둔 점은 앞과 아주 판이했다.

청송 동부 주왕산 일대는 서종락에게 책임이 맡겨졌다. 청송 서부 철령 일대는 남석구, 영천 북부 보현산 일대는 이세기, 영천 남부 구룡산 일대는 이형표, 신령 화산 일대는 조상환, 의성 춘산 일대는 박태종, 군위 효령 일대는 남승하, 청도와 경산 운문산 일대는 임용상, 경산 서부 주사산 일대는 손진구, 청하 죽장 기계 북동대산 일대는 정순기와 구한서가 맡았다. 그리고 영천 서부 팔공산 일대는 우재룡이 맡았다

산남의진의 항일 전쟁은 길게 이어지지 못했다. 일본군은 대전에 주둔 중이던 14연대의 본부를 대구로 옮겼을 뿐만 아니라, 봉화·영일·울산·영천·청송 등지에도 군사들을 추가로 배치했다.[14] 결국 최세윤·백남신·이세기·임용상 등은 1908년 6월과 7월에 걸쳐 일본군에 체포되었다.

동화사에 주둔하던 우재룡도 6월에 피체되었다. 팔공산 아래 가산마을과 국우마을 등지에서 군자금을 모은 우재룡은 고령에서 활동 중인 의병군을 통해 무기 구입을 시도했다. 고령 유격대로부터 '무기 50정을 구입했으니 대구에서 수령하라.'는 연락이 왔다. 우재룡은 동화사를 떠나면서 만약의 경우를 대비해 군사 다섯 명을 남겨두었다.

---

14) 김상기, 〈'제 14연대 진중일기'를 통해 본 일본군의 의병 탄압〉(《한국독립운동사연구》 44), 19쪽

"낮에는 절집에 머물지 말고 반드시 산속에 있으라. 그래야 낯선 자들이 불시에 들이닥쳐도 화를 피할 수 있다."

대금 1,600냥을 품고 대구로 나간 우재룡은 무사히 무기를 손에 넣는 데 성공했다. 흥겨운 마음에 사로잡힌 그는 발걸음도 가볍게 동화사를 향해 출발했다. 그는 절에 남은 병사들이 명령을 제대로 따르지 않아 엄청난 사단을 일으켰을 줄은 상상도 하지 못했다.

우재룡이 대구로 나간 뒤, 동화사 주변을 정찰하기 위해 행군 중인 일본군에게 절 인근에 사는 농민 몇이 다가갔다.

"동화사에 의병이 머물러 있소. 중들이 그들을 돌봐주고 있으니 땡중들을 엄벌에 처해주시오."

이 농민들은 동화사 일원의 나무를 불법으로 베어서 내다 팔아온 자들이었다. 동화사 측이 이들을 관청에 고발했다. 그래서 앙심을 품은 농민들이 지금 동화사에 의병이 있노라 일러바친 것이었다.[15]

우재룡의 지시에 따르지 않고 절집에서 유유자적 노닐고 있던 의병 군사 다섯 명은 곧장 일본군에 사로잡혔다. 일본군은 체포한 의병 다섯 명을 봉서루 앞마당에 꿇려 앉혀놓고 한 사람씩 문초했다.

"네놈들의 대장은 누구냐? 지금 어디에 있나? 바른 대로 말하면 살려줄 것이고, 그렇지 않으면 죽여 버릴 테닷!"

맨 먼저 추궁을 당한 의병이 대답했다.

"더러운 왜놈들아! 여긴 본래 우리 다섯뿐이었다. 죽여라!"

---

15) 우재룡 자서전 《백산실기》의 증언.

일본군이 칼을 뽑아 의병의 배를 찔렀다. 그가 입으로 피를 토하면서 절명했다. 일본군이 두 번째 의병에게 물었다. 대답은 비슷했고, 일본군의 칼질도 다를 바 없었다. 세 번째, 네 번째 의병도 그렇게 순국했다. 마지막 남은 의병은 열다섯 살밖에 안 된 소년 오순이었다. 겁에 질려 부들부들 떠는 오순의 목에 칼날을 들이댄 일본군이 비아냥거리는 말투로 추궁했다.

"너도 본래 다섯뿐이었다 할 것이냐? 달리 말하면 살려줄 텐데?"

오순이 알아듣기 어려울 만큼 불분명한 발음으로 대답했다.

"아, 아닙니다. 다, 달리 마, 말하게, 겠습니다."

"그래애-? 어디 사실을 말해봐라."

"대, 대장은 무, 무기 가, 가지러 대, 대구 가, 갔습니다. 따, 따라간 구, 군사는 여, 열 명이고, 해, 해 지기 저, 전에 오, 온 다, 해, 했습니다."

"오! 잘 알았어. 착한 의병이군."

말을 마친 일본군은 무자비하게 오순을 난도질했다. 오순은 비명도 지르지 못 한 채 땅으로 쓰러져 숨을 거두었다.[16]

일본군은 절 입구 마애불좌상 아래로 들어온 사람이면 반드시 지나가게 되는 당간지주 주변에 잠복해 있다가 순식간에 우재룡 일행을 모두 사로잡았다. 아무 대비 없이 무심코 걸어 올라오던 우재룡 일행으로서는 도무지 벗어날 없는 피체였다.

일본 경찰 : 돈 1,600냥은 어디서 났나?

---

16) 우재룡 자서전 《백산실기》의 증언.

우재룡 : 민간에서 의연금으로 모집하였다.

일본 경찰 : 나라를 찾으려면 자기 사재로 하거나, 국가의 공전으로 하는 것이지 백성에게 모금하는 것은 도적질 아닌가?

우재룡 : 국왕이 나라를 도적맞고 백성이 인권을 도적맞은 이때에 사재고 공전이고 어디 분간할 수 있겠는가?[17]

일본 경찰 : 스스로 행동에 잘못이 있다고 느끼고 있나?

우재룡 : 나는 정용기 남선南鮮(산남의진) 의병장의 의제義弟다. 나라를 구하는 일에 사생을 같이하기로 의형義兄과 맹세를 했다. 의형이 순국하였는데 의제인 내가 아직 살아 있으니 맹세를 어긴 것이다. 어서 죽여라![18]

대구지방재판소는 1908년 9월 18일 우재룡에게 '종신 유형(무기징역)'을 선고했다. ■

"조선이 일본의 통치로부터 벗어나는 것이 가능하다, 불가능하다는 것에 대하여는 생각한 바 없다. 다만, 국권 회복을 도모하는 것은 조선인의 의무다."
- 2024년 7월 4일 독립기념관에 세워진 우재룡 어록비 내용

---

17) 우재룡 자서전 《백산실기》의 증언.
18) 《백산실기》 : 나는 일찍부터 남선 의병대장 정용기의 의제다. 의형과 맹서하기를 '이 나라를 구하는 데 있어 상생을 같이 하자'고 하였는데, 의형이 순국하였으니 사상만은 변경할 수 없다.

동구 미대동 여봉산
대구 유일의 마을 단위 독립만세 운동

1919년 4월 26일 밤 10시 팔공산 아래 미대동 청년들은 마을 바로 동쪽 옆 여봉산에 올랐다. 이틀 뒤인 28일 밤 10시에도 같은 봉우리에 올랐다. 26일에는 채갑원, 채봉식, 채학기, 채희각이 올랐고, 28일에는 네 사람 외에 채경식, 채명식, 채송내, 권재갑 등 많은 마을사람들도 함께 올랐다. 이들은 모두 '치안 방해죄'로 구속되었는데, 26일과 28일에 걸쳐 이틀 연속 산에 오른 주동자 4명은 징역 8월, 28일만 참가한 2차 주동자 4명은 징역 6월을 선고받았다.

마을 옆산에 오른 것이 어째서 치안을 방해한 범죄인가?

당시는 일제 강점기로서, 일본이 우리나라를 강제로 점거하여 통치하고 있던 시절이었다. 그런 상황에 미대동의 여덟 청년은 "대한 독립 만세!"를 외쳤다. 식민지의 청년들이 독립을 부르짖는 단체 행동을 했으니 일제로서는 치안 유지에 방해가 되는 위험한 범죄였던 것이다.

미대동 청년들은 왜 사람들이 많이 오가는 거리나 시장에서 궐기하지 않고 산에 올랐을까? 마을에서 가까운 산봉우리에 올라 목청껏 "대한독립만세!!"를 부르고 태극기를 휘두르면 동네사람들의 눈에 바로 띄고, 소리가 들린다. 신속히 만세운동 시작을 알리고, 동참을 권유하기에 가장 적합한 장소가 바로 마을 바로 앞 또는 옆의 얕은 산봉우리인 것이다.

여봉산 궐기는 대구 유일의 마을 단위 독립만세운동이었다. 동네 앞 도로변에 만세운동을 주도한 여덟 분을 기려 기념비가 세워진 것은 너무나 당연한 일이라 하겠다.■

> 하지만 "대한독립만세!" 부른 것이 무슨 대단한 일이냐 식의 오해가 퍼져 있는 현상은 전혀 당연하지 않다.

"대한독립만세!"를 주도하고, 또 뒤따라 외치는 것이 무슨 대단한 일이냐고 용기(?)있게 말하는 분도 있다. 그런 잘못된 생각을 가진 분은 이근호 저 《한국사를 움직인 100대 사건》의 일부 내용을 발췌 요약해서 보여주는 이양호 기자의 〈3·1운동은 누가, 어떻게 일으켰을까(오마이뉴스 2018년 3월 20일)〉를 읽어볼 필요가 있다.

당시 조선총독 하세가와 요시미치는 "추호의 가차도 없이 엄중 처단한다."면서 시위대를 향해 발포 명령을 내렸고, 4월 들어서는 경고 없이 실탄 사격을 하도록 지침을 시달했다. 이로 인해 전국에서 살육과 고문, 방화 등 야만적인 탄압이 이뤄졌다. 조선에 주둔한 정규군 2개 사단 2만 3,000여 명에 더해 4월에는 일본에서 헌병과 보병부대까지 증파됐다.

3월 10일에는 평남 맹산읍 시위 군중 50여 명을 죽이고, 4월 15일에는 수원 제암리에서 마을 주민 30여 명을 교회에 가둔 채 불을 질러 타 죽게 했다. 화성군 송산면에서는 마을 전체를 불태우고 주민들을 학살했다. 천안 아우내竝川(병천)에서는 유관순柳寬順이 장터에서 태극기를 나눠 주다 체포돼 악랄한 고문 끝에 옥사했다.

5월 말까지 한국인은 7,500명이 피살되고, 4만 6,000명이 체포됐으며, 1만 6,000여 명이 부상당했다. 또 교회 47곳과 학교 2곳, 민가 715호가 불탔다. 당초 비폭력, 무저항을 표방한 만세 시위는 3월 말 이후 점차 폭력화 양상을 띠면서, 전차 공격, 헌병 주재소 습격, 관공서 방화 등이 일어났다.

이양호 기자는 '일제는 만세를 부르면 전부 죽이겠다는 생각이었다. 이미 그 전부터 자신들의 명령에 불복종하는 조선인에 대해 무자비한 탄압으로 일관했으니 이른바 무단통치다. 이런 감시와 억압을 뚫고 태극기를 만들고 나눠주며 시위를 주도한다는 것은 그야말로 목숨을 건 용기와 그에 맞는 조직이 필요한 일이다.'라고 평가한다.

동구 미대길 45-2 채충식 집터
사회주의자는 독립운동가로 인정 못한다?

　미대동 독립만세운동 기념비는 건립되었지만, 이 마을 출신 채충식蔡忠植(1892~1980) 지사를 기리는 현충시설은 없다. 채충식은 1930년대 초 대구청년동맹 위원장 박명출朴明茁 등과 함께 일제의 조선 지배가 부당하다는 사실을 전파하다가 체포되고, 1944년 해방을 준비하기 위한 비밀 결사 조선건국동맹이 결성되자 경상북도 조직을 만들기 위해 노력하던 중 또 검거되어 감옥에서 해방을 맞이한 독립운동가이다.
　1892년 11월 5일 달성군 공산면(현 대구시 동구) 미대동 225번지에서 아버지 채성원蔡星源과 어머니 서남주徐南珠의 장남으로 출생했다. 대구농림학교(현 대구자연과학고)에서 수학했고, 1923년 왜관청년회가 설립한 여자 야학夜學 교사로 활동하면서 조선일보 왜관 지국장으로 일했다. 그 이후 1925년 낙동강에 큰 홍수가 터졌을 때 '칠곡 기근 구제회' 결성을 주도했고, 1926년에는 왜관청년회가 운영하던 동창학원의 교사로서 민족의식을 널리 고취하는 데 힘썼다. 그해에 순종이 죽어 인산(임금의 장례) 때 흰 갓 1,800개를 구해 사람들에게 나눠주면서 독립정신을 불러일으키기 위해 노력했다.

1927년에는 신간회[19] 칠곡지회 의장 겸 서무 간사로 일했다. 1928년에는 경북 기자대회에서 임시 집행부 의장, 집행위원장 겸 서무부장을 맡았다. 그 후 중외일보 기자가 되어 대구로 옮겼다. 1931년 3월에는 대구청년동맹 위원장 박명출과 함께 일제의 조선 지배가 부당하다는 사실을 대중에게 알리는 활동을 펼치다가 체포되어 투옥되기도 했다.

1944년 3월 여운형을 중심으로 사회주의자들이 건국동맹을 결성하자 1945년 1월 경북 조직을 만드는 데 앞장섰다. 그해 8월 건국동맹과 관련하여 투옥되었으나 이내 나라가 해방되면서 출옥했다.

대구 유일의 '동네 단위' 만세 운동인 미대동 여봉산 의거(34쪽 참조)를 주도한 채갑원, 채봉식, 채송대, 채학기, 채희각은 1992년에, 채경식과 채명원은 1995년에 각각 나라의 독립에 이바지한 공로를 인정받아 대통령 표창을 받았다. 하지만 채충식은 국가보훈처 공훈록에 기록되어 있지 않다. 좌파 독립운동가라는 것이 그 이유다.

그뿐이 아니다. 채충식의 아들 채병기 씨는 1946년에 행방불명되었다. 영남일보 박진관 기자는 2013년 10월 11일 "우리 할아버지·아버지는 빨갱이가 아닙니다"라는 기사를 통해 채충식, 채병기 부자의 사연을 아래와 같이 소개했다.

---

19) 1926년 6·10만세운동에 자극을 받은 민족주의 진영과 사회공산주의 진영은 민족유일당 운동을 시작했다. 그 결과 결성된 단체가 일제강점기 중 최대 결사체였던 신간회이다. 98쪽 참조

채영희 씨는 대구시 동구 미대동 출신 독립운동가 채충식 선생(1892~1980)의 손녀다. 미대동 인천 채씨 문중은 3·1운동 당시 대구 유림 중 마을 단위로는 유일하게 만세운동에 참여한 곳이다. 채충식 선생은 천석꾼의 후손으로 장진홍 열사와 시인 이상화, 박정희 전 대통령의 형 박상희 등과 교류했으며, 독립운동과 관련해 숱한 옥고를 치렀다.

그는 여운형이 주도한 건국준비위원회에 참여했으며, 김구 선생과 함께 남북회의 협상차 평양에 다녀오기도 했다. 그의 아들이자 채영희 씨의 아버지인 채병기 씨는 1946년 대구10월항쟁[20]에 주도적으로 참여하다 강제로 국민보도연맹[21]에 가입됐

---

20) 2010년, 정부는 대구경북 310만 주민 가운데 70만 명이 파업이나 시위에 참여하면서 일어난 1946년 10월의 한 사건을 '사건'으로 정리했다. 이전까지 흔히 '폭동'으로 불리던 사건이었다. 정부는 10월사건을 '식량난이 심각한 상태에서 미군정이 친일 관리를 고용하고 토지개혁을 지연하며 식량 공출 정책을 강압적으로 시행하자 불만을 가진 민간인과 일부 좌익 세력이 경찰과 행정당국에 맞서 발생한 사건'으로 규정했다.
1946년 10월 1일, 대구역 광장에 당시 대구 20만 인구 중 1만여 명이 운집했다. 이들은 '미군정은 물러가라', '쌀이 아니면 죽음을 달라'면서 행진을 벌였다. 이 과정에서 경찰의 공포탄을 맞아 사망자가 발생했다.
이튿날 대구의전(경북대 의대), 대구사범대, 대구농대(경북대 농대) 학생들이 사망자의 주검을 메고 시위를 벌였다. 시민들이 합세했다. 경찰이 해산에 나서자 시위대가 투석으로 맞섰다. 경찰 발포로 22명이 숨졌다. 군중들은 대구경찰서(현 중부경찰서)를 점령하여 경찰을 무장해제 시킨 뒤 남일동과 진골목 일대에 살던 친일 악질 관리 등의 저택을 습격했다. 무정부 상황이 벌어지자 미군정은 장

다. 그는 6·25전쟁 때 대구형무소에 수감됐다가 좌파 정치범으로 분류된 뒤 그해 7월 30일 가창골(현 가창댐)에서 처형됐다.

(중략) 해방둥이인 채영희 씨는 '빨갱이의 딸'에 대한 트라우마가 강하게 남아 있다. 어릴 적 아버지를 잃은 채씨는 어머니와 함께 간난고초를 겪었다.

채씨는 "무관심이나 외면으로 잘못된 역사를 방관하면 이 또한 역사 앞에서 죄를 짓는 것"이라며 "반드시 10월 항쟁의 참뜻이 밝혀지리라 확신한다."고 했다. ■

[사진] '10월항쟁 등 한국전쟁 전후 민간인 학살자 위령탑' - 대구시 달성군 가창면 가창로 1082-11

갑차 4대를 투입해 경찰서를 탈환하고 시위대를 해산시킨 뒤 계엄령을 선포했다.

하지만 10월의 대구사건은 12월 중순까지 전국으로 번졌다. 그 결과 100만 명이 시위에 참여했고, 일반인 1천여 명과 경찰 200여 명이 사망했으며, 3만여 명이 체포됐다.

21) 1948년 12월 이래 1949년 말까지 이승만 정부는 좌익사상에 물든 '국민'들을 '보'호하고 인'도'한다는 명분으로 30만여 명을 국민보도연맹에 거의 강제로 가입시켰다. 지역별 할당제를 실시했던 관계로 좌익과 무관한 사람들도 많이 가입되었는데, 전쟁이 일어나자 "무차별 검속과 즉결처분을 단행함으로써 6·25전쟁 중 최초의 집단 민간인 학살을 일으켰다. 그러나 전쟁 와중에 조직은 없어졌지만, 지금까지도 정확한 해명 작업이 이루어지지 않고 있다."(두산백과 〈보도연맹〉)

북구 망월길 23 손양윤 지사 생가터
18년을 감옥에서 보낸 독립지사가 태어난 곳

  손양윤孫亮尹(1878~1940)은 1918년 1월 대구법원에서 10년 실형을 언도받고 8년 동안 감옥 생활을 했다. 그는 1916년 이래 박상진朴尙鎭, 채기중蔡基中, 우재룡禹在龍, 김좌진金佐鎭 등이 주축을 이룬 독립운동단체 광복회[22]에 가담하여 군자금 모금 활동을 하다가 1917년 일경에 체포되었다. 8년 감옥 생활을 마친 그는 만주로 망명하여 신민부의 일원으로 독립운동을 하다가 다시 군자금을 모금하기 위해 신현규, 이병묵 등과 함께 국내로 들어왔다.

---

  22) 1913년 이래 경북 영주에서 활동해온 광복단光復團과 1915년 대구 앞산 안일사에서 창립된 조선국권회복단朝鮮國權恢復團 등이 1915년 8월 25일 달성토성에서 통합되어 만들어졌다. 광복회는 "1910년대에 가장 활발하게 활동한 독립운동 단체(제5차 교육과정 고등학교 국사 교과서)"로, 3·1운동과 1920년 이후 의열 투쟁의 밑바탕을 놓은 것으로 평가받고 있다. *김창수 논문 〈풍기 광복단의 조직과 활동〉(대한광복단기념사업회, 《대한광복단 학술회의》 1997년, 28p)은 조선국권회복단의 창립 시기를 1913년으로 보고 있다.

국내로 잠입한 손양윤은 독립운동 자금을 모으기 위해 활동하던 중 1929년 4월 다시 일제 경찰에 체포되었다. 당시 나이 50세의 장년이었다. 그는 징역 20년을 언도받고 또 투옥되었다. 10년을 감옥에서 보내던 손양윤은 고문 후유증과 병으로 잠깐 가석방되지만 밖으로 나온 지 불과 10여 일 만인 1940년 12월 12일 세상을 떠났다.

국가기록원이 경성복심법원의 1929년 12월 2일 손양윤 독립운동가 관련 판결문을 번역해서 수록해둔 〈사건 개요〉에 따르면, 손 지사는 '부자를 습격하여 자금을 모아 신민부新民府[23]와 연락하여 조선 독립 운동을 하기로 하고 이병묵 등을 참가시켜 민가를 습격, 협박하여 금원金員(돈)을 강취强取(강제로 빼앗음)하였다.' 1926년 봄 대구부(현재 대구시) 달성공원에서 만난 손양윤과 신현규申鉉圭는 만주에 본부를 둔 채 활동 중인 (김좌진의) 신민부에 독립운동 자금을 제공하기 위해 부자들에게서 금품을 빼앗기로 결의한 후 이병묵李丙黙, 손허孫許, 윤창선尹昌善 등을 계획에 참가시켰다. 손양윤 지사는 그 후 독립운동자금을 모으기 위해 활동하다가 끝내 체포되고 말았다. ■

---

23) 1924년 10월 18일, 남만주에서 활동하던 통의부, 길림주민회, 서로군정서 등이 통합하여 하나의 독립운동단체인 정의부를 결성한다. 김좌진의 대한독립군단 등 북만주에서 활동하던 단체들도 이에 큰 자극을 받아 1925년 3월 10일 신민부를 조직했다. (박환 《김좌진》, 선인, 2016 개정판, 167쪽 참조)

북구 서변로3길 47-12 구찬회 지사 생가터
최연소 신민회 회원의 애달픈 20세 순국

1911년 일제 총독부는 민족해방운동을 탄압하려는 목적으로 데라우치 마사타케寺內正毅 총독 암살 미수 사건을 조작한다. 총독부는 신민회 회원 600여 명을 체포, 그 중 105인을 투옥한다. 흔히 '105인 사건'으로 불리는 이 사건으로 신민회는 해체되고, 신민회 회장 윤치호 등이 친일 경향으로 돌아서며, 국내의 독립운동 세력은 크게 약화된다. 하지만 많은 지사들이 해외로 망명하면서 105인 사건은 국외에서 항일운동이 활발하게 펼쳐지는 계기가 되기도 했다.

왜 일본 총독부는 총독 암살 사건을 조작하여 신민회를 탄압했을까? 당시 신민회가 전국 최대의 항일 조직이었기 때문이다. 신민회는 1901년 양기탁, 안창호, 이동휘, 신채호, 김구, 이동녕, 박은식, 이희영, 이시영, 이상재, 윤치호 등 독립협회 청년 회원들이 중심이 되어 만든 비밀 결사단체이다.

신민회는 입헌군주국을 지향한 독립협회와 달리 공화정 체제를 추구했다. 회원끼리도 서로 알 수 없게 점조직으로 꾸려졌음에도 1910년 들자 주요 애국계몽운동가의 거의 대부분이 가입했고, 군 단위까지 지부를 두었다. 평양 대성학교 등 국내에 많은 학교를 세웠고, 국외에 독립운동 거점을 마련하기 위해 신흥무관학교를 설립해서 독립군을 양성했다. 신흥新興무관학교의 신흥은 '신新민회가 나라를 부흥興시킨다'는 의미였다. 일제 총독부로서는 결코 좌시할 수 없는 막강한 항일 단체가 바로 신민회였던 것이다.

신민회의 최연소 회원은 대구 서변동 출신 구찬회具瓚會 (1890.1.27.~1910.5.13.)였다. 임진왜란 때 의병을 일으켜 울산 서생포 전투 등지에서 공을 세웠고, 류성룡의 군관으로도 활약했던 구회신具懷愼의 12대손인 구찬회는 (당시 주소로) 경상북도 달성군 성북면 서변동 1111번지(대구광역시 북구 서변로3길 47-12)에서 태어났다.

어려서 한학을 배운 구찬회는 15세였던 1906년 3월 신학문을 학습하기 위해 배재학당에 입학했다가 다시 융희학교로 전학했다. 그는 16세 되던 1907년 신민회에 가입했다.

1909년 신민회는 비밀간부회의를 통해 독립군 기지를 확보하기 위해 만주로 망명할 것을 결의한다. 이 방침에 따라 많은 사람들이 고향을 떠나 만주로 향했다. 안동의 이상룡 (1858~1932)도 조상 대대로 살아온 임청각(보물)을 팔아 마련한 독립운동 자금을 들고 1911년 1월 5일 안동을 떠난다. 당시 그의 나이는 이미 53세였다.

이상룡 가족은 일 주일 동안 계속 걸은 끝에 1월 12일 추풍령에 닿고, 거기서 기차를 타고 서울로 간다. 이상룡은 "머리는 자를 수 있어도 무릎을 꿇고 종이 될 수는 없다."라고 다짐한다.

안동을 떠나고 한 달 뒤인 2월 7일, 이상룡 가족은 먼저 만주로 망명한 처남 김대락의 거주지 횡도촌에 당도한다. 그 날 이후 이상룡은 1925년 임시정부의 국무령[24]으로 활약하는 등 1932년 병사할 때까지 줄곧 항일 투쟁에 매진했다.

이상룡은 만주 벌판에서 고령과 병으로 말미암아 고단했던 74세의 삶을 마감했지만, 구찬회는 불과 20세에 이승을 떠났다. 1909년 이래 만주로 간 그는 각종 독립운동 독려 문서들을 자필로 옮겨 국내 인사들에게 배포하던 중 1909년 12월 일제에 체포되었다. 그의 나이가 겨우 19세에 지나지 않았으므로 일제는 '배후 인물을 실토하라는 잔혹한 고문'을 가했다, 하지만 지사는 '굴하지 아니하고 악형을 받았다. (결국) 1910년 5월 13일 가혹한 고문의 후유증으로 감옥에서 순국하였다. (권대웅 《달성의 독립운동가 열전》)'

정부는 지사에게 1977년 건국포장, 1990년 건국훈장 애족장을 추서했다. 조국과 겨레를 위해 외세에 맞서 싸우다 목

---

[24] 본래 상해의 대한민국임시정부는 대통령제였고, 초대 대통령이 이승만이었다. 그런데 이승만이 미국의 조선 위임 통치를 주장하자 임시정부 의정원은 이승만을 탄핵했고, 2대 대통령으로 박은식이 취임했다. 그 후 임시정부의 대통령제는 국무령제로 바뀌었고, 이때 이상룡이 취임했다. 신민회 주요 인사들 중 이상룡을 이 글에 특별히 소개하는 것은 그를 기려 세워진 '이상룡 구국 기념비'가 대구 달성토성 안에 있기 때문이다.

숨을 잃은 스무 살 젊은 청춘, 지사의 생가터에서 답사자는 그저 애잔할 뿐이다. 무엇으로 그의 혼백을 위로할 수 있으랴! 땀을 쏟고 피를 흘리고 마침내 스무 살 새파란 생명까지 바쳐 얻은 독립인데, 오늘날 두 동강 난 유일한 나라로 지구 상에 남아 있으니…

울창한 나무와 잡다한 건물들에 가려 지금은 보이지 않지만 그가 10대이던 무렵에는 생가에서 동화천까지가 그냥 물가였을 터, 임진왜란 의병장으로 활약했던 구회신이 두문불출로 이성계를 거부한 8세조 송은松隱 구홍具鴻을 기려 세운 표절사表節祠가 눈에 들어 왔으리라. 조상은 왕조를 뒤엎은 세력도 거부했는데, 어찌 바다를 건너온 일제에 무릎을 꿇을 것인가. 비록 이상룡이 "머리는 자를 수 있어도 무릎을 꿇고 종이 될 수는 없다."라고 다짐한 때는 자신이 세상을 떠난 지 여덟 달 뒤의 일이지만, 구찬회는 진작 그 말을 듣고 또 가슴에 새겼으리라.

구찬회 지사 생가터

구찬회 생가와 표절사 사이를 흐르는 동화천은 대구에 남은 유일한 자연 하천이다. 아래로 동화천을 굽어보며, 구찬회 지사와 같은 선열들의 뜨겁고 올곧은 정신이 이 땅에, 우리들의 마음에 굳건히, 영원히 남아 있기를 소망해 본다. ■

북구 노곡동 산78-1 조현욱 지사 순국 기념비
1919년 만세운동 투옥 후 자결로 독립 염원

　1854년 1월 2일 경북 청송에서 태어나 청송군 현서면의 3·1독립만세운동을 주도하셨다. 선생은 당시 전국적으로 독립만세운동이 전개되고 있음을 알고, 무계동의 신태휴申泰休, 조병국趙炳國에게 격문을 보내어 동참할 것을 권유하였다.
　선생은 1919년 3월 26일 오후 1시경 주민 50여 명을 규합하고, 다시 현서면 사무소에 있던 유지들을 종용하여 그들의 호응을 얻어 미리 준비한 태극기를 흔들고 독립만세를 외치며 화목 시장으로 몰려갔다. 도중에 많은 군중이 합세하여 시위 규모는 수백 명으로 늘어나고 이에 화목 주재소에서 출동한 일본 경찰의 무력 행사로 인해 현장에서 체포되고, 같은 해 5월 31일 고등법원에서 소위 보안법 위반 혐의로 징역 2년을 언도받고 옥고를 치르셨다.
　출옥 이후 일제에 병탄된 암담한 조국의 현실에 비분하여 1922년 2월 19일 (청송 보현천 가마소에) 투신 순국하셨다. 정부에서는 선생의 공훈을 기리어 1991년 건국훈장 애족장을 추서하였다. - '조현욱 지사 순국 기념비' 안내판 내용

　노곡동 산78-1 주소로는 1970년 3월 26일 건립된 조현욱 지

사 기념비를 찾을 수 없다(산 번지는 산 전체를 가리킨다). 노곡로1길 48-17 '지원정사'를 찾은 다음, 사찰 문을 등지고 정면 산비탈로 올라가면 순국 기념비를 만날 수 있다. 옥중에서,

"五百由來尙義人 오백유래상의인
오백년을 이어 의를 숭상해온 사람이
一朝胡爲犬羊民 일조호위견양민
하루아침에 오랑캐의 백성이 될 수는 없다
天日無光如此地 천일무광여차지
하늘의 해가 빛을 잃어 이 땅 또한 그와 같으니
寧爲蹈海不爲臣 연위도해불위신
바다에 빠져 죽어 평온을 찾더라도 왜에 굴복할 수 없다"

라는 옥중시를 썼던 선생은 출옥 뒤,

"今將副矣覓屍於釜淵 금장부의멱시어부연
나의 주검은 (청송 보현천) 가마소에서 찾으라"

라는 마지막 구절을 시에 덧붙인 후 청송 깊은 물속으로 뛰어들어 스스로 목숨을 끊으셨다. "바다에 빠져 죽어 평온을 찾더라도 왜의 신하가 될 수는 없다!" 그 처절한 마음을 생각하며 선생의 순국 기념비 앞에서 묵념을 올린다. 그러면서도, 순국비를 찾는 데 도움이 될 만한 이정표 하나 없는 현실을 오늘도 안타까워한다.

북구 침산남로9길 113 침산
대구읍성을 부순 '이등박문의 양자' 박중양

 침산 아래의 강변, 금호강과 신천이 만나는 지점에는 희고 고운 모래밭이 넓게 펼쳐져 있었다. 사람들은 이곳을 백사벌白沙伐이라 불렀다. 흰白 모래沙 벌판伐이라는 뜻이다. 백사벌은 뒷날 발음하기 쉬운 '백사부리'로 바뀌었다.
 침산 일원과 신천 건너 연암산 일원에서는 선사 시대 유물이 많이 발굴되었다. 이는 아득한 옛날부터 이곳에 사람들이 많이 거주했다는 역사를 짐작하게 해준다. 그들은 신천 물가로 와서 빨래를 했다. 빨래하기에 적합한 넓적한 빨랫돌이 많았기 때문이다. 침산砧山은 빨랫돌砧이 많은 산山이라는 뜻이다.
 침산은 해발 121m밖에 안 되는 낮은 산이다. 산이라 할 것도 없지만 사방에 강과 들판이니 우뚝 솟은 것만은 사실이고, 그 탓에 봉峰이라 부를 수 없어서 저절로 산山이 되었다.
 그런데 언덕 같은 이 산에 등산로가 많다. 동쪽 등산로 입구는 북구 성북로5길 51-5(침산동 산15-3), 서쪽 등산로 입구는 북구 침산남로9길 113(침산동 1168-1), 남쪽 등산로 입구는 북구 침산남로9길 32(침산동 1643-45), 북쪽 등산로 입구는 북구 침산남로9길 167(침산동 810-32)의 주소를 가지고 있다. 그만큼 산에 굴곡이 많고 계곡도 여러 갈래라는 점을 가늠하게 해준다.

등산로 입구가 여럿인 산은 봉우리도 여럿인 법이다. 침산은 한때 오봉산五峰山이라는 이름으로 불렸다. 봉우리가 다섯 있는 산이라는 말이다. 1906~7년 대구읍성을 파괴한 친일파 박중양朴重陽(1874~1959)이 이 산을 개인 소유로 만들고는 그런 이름을 붙였다.

1906년 대구에 거주 중이던 일본인 상인들이 대구군수 박중양에게 대구읍성을 철거해 달라고 요청했다. 당시 외국인은 대구읍성 내에서 장사를 하지 못하도록 금지되어 있었다. 그 탓에 일본인 상인들은 장사에 재미가 없었다. 성벽만 없으면 읍성 안과 밖의 구분이 없어지니 일본 상인들의 장사에 크게 도움이 될 터였다.

박중양은 1906년 10월 붕괴 위험이 있어 대구읍성을 철거하겠노라는 허가 요청 공문을 조정에 제출했다. 공문을 보낸 박중양은 조정에서 회신이 오는 것을 기다리지도 않고 바로 읍성을 파괴하기 시작했다. 조정의 '불허' 공문이 도착한 11월 대구읍성은 이미 박중양에 의해 반쯤 없어진 뒤였다.

대구읍성은 1888년 가을 프랑스의 유명한 지리학자 샤를 바라(1842~1893)가 조선을 여행한 후 《조선 기행》을 발표하면서 '북경성을 축소해 놓은 듯 아름답다.'라고 격찬했던 소중한 문화유산이었다. 그녀는 '대구읍성의 성벽은 도시 전체

1736년 영남제일관(대구읍성 정문)이 중구 종로 17(남성로 92) 약전골목 안 네거리에 건립되었다. 박중양이 대구읍성을 무너뜨릴 때 영남제일관도 파괴되었다. 사진의 망우당공원 영남제일관은 1980년에 복원된 것이다.

를 감싸는 평행사변형이었고, 사방 성벽에는 웅장한 성문이 서 있었다. 성문의 정자에는 옛 역사를 나타내는 그림과 조각들이 가득했다. 성문의 정자에서 나는 가을 햇볕 아래 찬란한 색채를 빛내며 전원을 휘감아 흐르는 금호강의 낙조를 지켜보았다. 내 발 아래로 큰 도시의 길과 관사들이 펼쳐져 있었다. 서민이 사는 구역에는 초가지붕들이 이마를 맞대고 있었고, 양반들이 사는 중심부에는 우아한 지붕의 집들이 늘어서 있었다.'라고 감탄했다(《조선 여행》, 눈빛 번역 출간, 2001년).

조정의 불허에도 아랑곳하지 않고 대구읍성을 무참하게 부수었지만 박중양은 처벌을 받기는커녕 평안남도 관찰사로 승진했다가 이내 경상북도 관찰사가 되어 대구로 '금의환향'했다. '이등박문의 양자'로 소문이 나 있었을 만큼 일본의 비호를 받아온 자다운 출세가도였다.

박중양이 얼마나 대단한 친일파였던가 하는 것은 조선총독부가 조선 통치 25주년을 기념해 발간한 《조선 공로자 명감》이 증언해준다. 이 책은 조선인이 오를 수 있는 최고위 관직인 총독부 중추원 부의장 자리에 앉은 박중양을 두고 '이등박문 이하 총독부 대관으로부터 역량과 수완이 탁월하다고 인식되고, 비상한 때에 진실로 믿을 수 있는 사람은 지사급에서는 박중양'이라고 기술했다.

1945년 4월 일본제국의회가 조선인 7명을 의원으로 임명할 때에도 박중양은 거기에 포함되었다. 조선인 중 일본제국회의 의원에 선임된 자는 1945년 4월 전에 선임된 3명을 포함해 모두 10명뿐이었다.

박중양은 1945년 8월 15일 이후에도 대구에 거주했다. 그는 대구 출생도 아니었지만 '오봉산'에 지어놓은 별장에서 유유자적 살았다. 친일파들을 지지 세력으로 끌어들인 이승만

정부의 비호 덕분이었다.

박중양은 1959년에 사망했지만 그가 자신의 공로를 자화자찬하여 세운 기념물 일소대日笑臺는 해방 후 50년이 지난 1996년까지 남아 있었다. 민족문제연구소 대구지부는 1996년 8월 15일 일소대 앞에 박중양의 친일 행적을 알리는 안내판을 세웠다. 결국 박중양의 후손들은 1996년 10월 11일 일소대를 철거했고, 2007년에는 침산 자체도 국가 재산으로 환수되었다.

침산 정상 **침산정**砧山亭

서거정(1420, 세종 2~1488, 성종 19)은 〈침산만조砧山晚照〉라는 시를 남겼다. 〈침산만조〉는 대구 최고 경치 10경[25]을 노래한 〈대구 10영詠〉 중 한 편이다.

水自西流山盡頭 수자서유산진두
물은 서쪽에서 흘러와 산머리에 다다르고

砧巒蒼翠屬淸秋 침만창취속청추
침산 푸른 숲에는 가을빛이 어리었네

晚風何處舂聲急 만풍하처춘성급
해질녘 바람에 어디선가 방아소리 들리니

一任斜陽搗客愁 일임사양도객수
노을에 물든 나그네 마음 더욱 애잔하네

---

25) 제 1경 : **琴湖泛舟**금호범주 (금호강 뱃놀이)
제 2경 : **笠巖釣魚**입암조어 (입암 낚시)
제 3경 : **龜岫春雲**귀수춘운 (거북산 봄 구름)
제 4경 : **鶴樓明月**학루명월 (금학루 밝은 달)
제 5경 : **南沼荷花**남소하화 (남소 연꽃)
제 6경 : **北壁香林**북벽향림 (북벽 향림)
제 7경 : **桐華尋僧**동화심승 (동화사 중을 찾음)
제 8경 : **櫓院送客**노원송객 (노원 송별)
제 9경 : **公嶺積雪**공영적설 (팔공산에 쌓인 눈)
제10경 : **砧山晚照**침산만조 (침산 저녁노을)

네이버에 검색을 하면 대구에서 오봉산 이름으로 떠오르는 것은 식당 한 곳, 골프 연습장 한 곳, 자동차 수리점 한 곳뿐이다. 오봉산이라는 박중양의 작명이 자취를 감추어가고 있다. 침산 전체에도 오봉산 대신 '침산 공원'이라는 이름이 붙어 있다.

다만 침산 남쪽 오거리가 여전히 '오봉 오거리'로 불린다는 점이 아쉽다. 네이버 지도에도 '오봉 오거리'가 선명하다. 1945년 8월 15일 후에도 박중양은 대구 시내를 큰소리치며 돌아다녔다. 왜 아무도 그를 엄중하게 단죄하지 않았을까? 그 탓에 지금도 침산 오거리에 '오봉 오거리'라는 이름이 남아 있는 것은 아닐까?

침산 정상 침산정砧山亭에 올라 멀리 달서구 와룡산 방향을 바라본다. 서거정이 이곳에 올라 시를 읊었던 당시에는 대구부 중심부와 금호강 사이가 그저 광활한 들판이었다. 달성토성 앞을 지나쳐 유유히 흘러온 달서천은 금호강으로 접어들고, 저녁놀은 아찔하게 서산을 넘어가며 물길과 들길을 황홀하게 물들였으리라.

그 아름다운 풍광을 친일파 박중양이 오봉산이라는 이름으로 더럽혔다. 깨어있는 많은 시민들이 빨랫돌砧 위에 오봉산이라는 못된 이름을 얹어놓고 오랫동안 두드린 끝에 침砧산이라는 이름을 이제 거의 되찾았다. 그래도 아직 친일 잔재 청산은 완성되지 않았다. '역사를 잊은 민족에게는 미래가 없다'라는 교훈을 결코 잊어서는 안 된다.■

검단로 210-11과 검단토성 사이 채기중 순국 기념비
광복회 경상도 지부장으로 활동한 선비

검단로 210-11에서 출발해 검단토성을 향해 200m쯤 오르면 '의사 소몽 채기중 순국 기념비'가 있다. 채기중은 1913년 4월 중순(대한광복단기념사업회 발간 〈대한광복단 기념공원〉의 표현) 경북 영주 풍기의 '광복단' 결성을 주도한 독립지사로,

광복단은 1915년 8월 25일 대구 달성에서 조선국권회복단 등과 통합하여 '1910년대에 가장 활발하게 활동한 독립운동단체(제5차 교육과정 고등학교 국정 국사 교과서)' 광복회로 발전한다.

대한광복회는 광복회의 별칭이다. 1915년 8월 25일 창립 당시 이름은 광복회였다. 독립운동가와 그 유가족들로 구성된

보훈단체 광복회와 혼동되는 사태를 피하기 위해 '대한' 두 글자를 덧붙여 부르게 되었다.

광복회는 대구 달성토성에서 창립되었다. 그보다 전에 경북 영주에서 결성되어 활동해오던 채기중 등의 광복단, 대구 앞산 안일사에서 발족된 조선국권회복단 중앙총부의 박상진 등 강성 단원들, 그리고 산남의진 선봉장 출신의 우재룡 등이 앞장서서 창립을 이끌었다.

광복회의 창립과 활동은 그 무렵 우리나라 사람들에게 용기와 희망을 준 일대 사건이었다. 그 무렵은 나라가 망한 충격과 일제의 무단정치에 짓눌려 독립운동을 할 엄두를 내지 못하던 시기였다. 총독부는 2만여 명의 군경을 전국 각지에 주둔시켜 조선인을 무자비하게 억압했다. 일제 헌병에게는 재판 없이 아무나 3개월 동안 구금할 수 있고 마구 폭행할 수 있는 권한이 주어졌다.

망국 5년 만에 광복회는 전국에 지부를 둔 거대한 조직체 건설에 성공했다. 뿐만 아니라 만주에까지 지부를 설치했다. '길림 광복회'로 불리기도 한 광복회 만주지부의 초대 지부장은 이진룡(이석대)이었고, 그가 피체된 후 2대 지부장은 김좌진이 맡았다.

광복회는 만주의 독립운동가들에게 군자금을 조달해주는 일에 주력했다. 영주의 대한광복단기념사업회가 발간한 〈대한광복단 기념공원〉에 따르면, 우재룡과 권영목은 현재 시세로 33억9천 만 원에 이르는 군자금을 만주로 가서 김좌진에게 전달하기도 했다.

광복회는 군자금을 마련하기 위해 일제의 세금 수송 마차를 탈취하고, 중석광을 습격하고, 친일 부호들에게서 의연금을 모았다. 채기중 등은 1917년 11월 10일 경상도 제일의 친일 부호로 허위 의병대장의 모금 운동을 일제에 고발한 장승원을 처단했고, 우재룡과 권영만은 1915년 12월 24일 경주 효현교에서 세금 마차를 공격하여 4억 원을 빼앗았다. 또 헌병 주재소를 들이쳐 무기를 탈취하기도 했다.

1918년 1월 이후 광복회는 조직이 탄로나 총사령 박상진, 경상도 지부장 채기중, 충청도 지부장 김한종 등 간부들이 순국의 비운을 맞는다. 이때 서울에 머무르고 있던 지휘장 우재룡과 권영만은 압록강을 건너 만주로 망명한다. 이들은 1919년 만세운동이 일어난 직후 다시 국내로 들어와 광복회 재건에 나선다.

재건 활동을 펼치면서 광복회는 임시정부와 연계하여 독립운동을 전개했다. 주비단을 조직해 임시정부 지원을 준비하는가 하면, 뒷날 의열단 단원으로서 종로경찰서에 폭탄을 던지는 김상옥과 한훈 등으로 암살단도 조직한다.

하지만 권영만이 대구에서 피체되고 우재룡이 군산에서 일제에 붙잡히면서 광복회는 완전히 해체된다. 총독부 기관지 매일신보는 1921년 6월 11일자 지면에 '광복회 수괴 우이견(우재룡의 별명)'이 '대정 6년(1921년) 이래로 교묘히 종적(종적)을 감초엇다가(감추었다가) 잡혀' 경성지방법원 검사국으로 넘겨졌다고 대대적으로 보도한다.

  광복회의 젊은 단원들이었던 황상규, 김대지 등은 만주에서 김원봉, 이종암 등을 독려하여 의열단을 결성시킨다. 의열단은 광복회의 이념과 투쟁 방략을 이어받아 1920년대의 무장 항일 투쟁을 주도한다. 한국학중앙연구원의 〈한국민족문화대백과〉는 '1910년대 국내 독립운동의 공백을 메우고 민족역량이 3·1운동으로 계승될 수 있는 기반을 제공한' 광복회의 '의협 투쟁은 1920년대 의열 투쟁의 선구적 역할을 담당했다'라고 평가한다.

  한국학중앙연구원의 기술은 광복회가 3·1운동이 일어날 수 있었던 토대를 구축했다는 뜻이자, 의열단 등 1920년대 의열 투쟁의 기반도 놓았다는 의미이다. 광복회 간부들이 대대적으로 피체된 때가 1918년 상반기, 만세운동이 일어난 때가 이듬해 3월 1일, 의열단 결성이 11월 10일이라는 사실을 감안하면 이는 시기적으로 충분히 납득이 되는 설명이다.

  제5차 교육과정 국정 고등학교 국사 교과서는 광복회를 '1910년대에 가장 활발한 활동을 펼친 독립운동 단체'로 규정했고, 한국학중앙연구원 《한국민족문화대백과》는 광복회를 설명하면서 '경상도·충청도·황해도 지부가 가장 규모가 컸으며 활동도 활발했다.'라고 소개했다. 채기중은 광복회 경상도 지부장이었다. ■

국가보훈부 발간(1995년) 《알기 쉬운 독립운동사(박성수 저)》에 "3·1운동 전야에 세인을 놀라게 한 사건은 비밀결사 광복회가 대구의 부호 전 관찰사 장승원을 사살한 일이었다. 이 단체는 전국의 부호들을 상대로 군자금을 모집하였고, 불응하는 경우 가차없이 민족반역자로 처단한 무서운 지하단체였다"라는 기술이 있습니다. 장승원 처단 의거를 소설 형식으로 소개합니다.

1916년 5월 어느 날.
경주 녹동 박상진(광복회 총사령)의 집에서 회의가 열렸다. 방 안에는 왼쪽부터 경상도 지부장 채기중, 강원도 지부장 김동호, 본부 지휘장 권영만, 충청도 지부장 김한종, 총사령 박상진, 본부 지휘장 우재룡, 황해도 지부장 이관구, 전라도 지부장 이병호가 둥그렇게 앉아 있다. 이병호가 의연금 모금 투쟁을 더욱 강력히 펼치자고 말한다.
"우리 광복회가 추구하는 바 핵심 활동 목표는 독립운동 자금을 확보하여 만주로 보내는 것이당께라. 7대 투쟁 강령 중 둘째 무관을 양성해 불고, 셋째 군인을 양성한답디다, 넷째 무기를 준비해 불고, 다섯째 기관을 설치한다는 강령들은 모두 이와 연관되는 사업이랍디다. 그랑께, 이 시점에 우리의 군자금 모금 실적은 너무나 부족하다 그럽디다. 이렇게 된 디는 부호들의 의연금 호응이 기대와 너무나 동떨어지게 미미한 것이 가장 큰 요인이라고 본 것이지라. 7대 투쟁 강령 중 여섯째, 즉 일본인

고등관리와 한인 반역분자를 포살한다는 강령을 이제 실천해야 쓰것씁디다."
 충청도 지부장 김한종이 대뜸 호응을 한다.
 "오랜만에 속 션한 말씀 듣소. 염두에 둔 자라도 있는가요?"
 김한종은 일찍이 경상도에 의사가 있다는 소문을 듣고는 걸어서 풍기까지 찾아가 채기중을 만나고, 광복회에 가입한 사람이다.[26] 이병호가 말한다.
 "그런 자가 있기는 헌디… 시방은 그 자를 처단하자는 말이 꼭 하고 싶어서가 아니랑께라. 당연히 그렇게 해야 쓴디, 여러 선배 동지들께서 모인 이 자리에서 말씀드리는 것이지라."
 채기중이 신중한 어조로 말을 한다.
 "하지만 사람을 죽이는 일이니 신중에 신중을 거듭해야 하오. 친일 반역자를 처단하는 일이야 어쩔 수 없지만,[27] 자칫 애

---

26) 예산 모현사업회, 〈일우 김한종 선생 약전〉《광복회 100주년 자료집 Ⅱ》, 424쪽 : 의사의 거동을 수상히 여긴 왜경이 의사 댁을 가택수색하였다. 이에 의사님을 비롯한 각 동지들은 모두 피신하셨다. 의사께서는 이때 경상도에 박상진·채기중 양 선생이 조국 광복 사상이 있다는 말을 듣고 멀리 경상도로 내려가셨다. 드디어 1917년(옮긴이 주: 1915년의 오기인 듯) 4월 15일에 풍기에서 이미 대한광복단을 창설 지도하고 있던 채기중 선생을 극적으로 만나 함께 조국 광복을 위하여 목숨을 바칠 것을 맹서하였다.
27) 국사편찬위원회,《신편 한국사 43》: 전라북도에서도 이석용 부대가 활약하고 있다. 그는 1907년 8월에 진안에서 거의한 후 임실·남원·장수 등지에서 적극적인 의병투쟁을 전개하였다. 1907년에 접어들면서 일본군경의 공세가 강화되자 1908년 3월에 일단 의병을 해산하고 '휴병대시지계休兵待時之計'로 들어갔다. 그러나

꽃은 이를 살상해서는 안 되며, 만약 그런 일이 생기면 사람들이 자칫 우리를 임걸령처럼 여기게 될지도 모르는 일이오."[28]

임걸령은 지리산 노고단과 뱀사골 계곡을 잇는 고개의 이름이다. 채기중은 광복회가 정당성이 부족한 인명 살상을 하게 되는 경우 임걸령처럼 나쁘게 인식될 수도 있다고 지적했다. 독립운동 비밀 결사체를 자연의 고개처럼 여긴다? 이해가 안 되는 표현이다. 하지만 임진왜란 당시 생존했던 임걸년이라는 인물의 성명이 발음에 변화를 일으켜 임걸령으로 바뀌었다는 사실을 알면 오해할 일은 아니다.

1913년 10월에 임실경찰서에 체포되었다. 그는 사형을 선고받은 전주에서의 공판에서 다음과 같은 문답을 하고 있다. (중략) 문(일제 경찰) : 의병이란 명칭을 쓰면서 인명을 살해하고 마을에 방화하고 공금을 강탈한 것은 불법이 아닌가. 답(이석용) : 배한背韓 부일자附日者에 대해서는 죽이지 않을 수 없고 방화하지 않을 수 없다. 공금에 대해서는 본래 대한의 국세이다. 군주가 잃은 것을 신하가 취하고, 부친이 잃은 것을 자식이 취하는 것은 이치가 당연한 일인데 어찌 불법이라 하겠는가.

28) 조동걸, 〈광복회의 결성과 조직상의 특징〉(대한광복단기념사업회 《대한광복단 학술회의》), 75쪽 : 광복회는 1910년대에 국내에서는 규모 면에서나 성격 면에서 가장 대표적인 독립운동단체였다. 거기에 자의든 타의든 간에 거금을 헌금하고 재산이나 신분상으로 고초를 겪은 많은 가정이 있었다. 또 장승원·박용하·양재학·서도현 같은 부호는 생명을 희생당한 비극이 있었다. 이것이 평소의 일이었다면 도덕적으로 비난받아서 마땅하다. 그러나 독립운동 과정이었으므로 평소의 일과는 다르다. 그러므로 광복회의 업적에 대하여 일상적 도덕으로 평가하여 '국권을 빙자한 도적단'(《상록의 자유혼》, 63면)이라고 말할 것이 아니다.

임진왜란 당시 최초의 대규모 반란군으로 인정되는 김희와 고파의 군대는 지리산에 근거를 둔 채 무려 3년 동안 사람을 함부로 죽이고 물건을 마구 강탈했다. 이들은 마침내 진압되었지만, 그 중 가장 끝까지 저항한 반군 장수가 바로 임걸년이었다. 사람들은 임걸년의 악명을 잊지 못해 그가 주둔했던 고개를 '임걸령'으로 부르게 되었다.

박상진이 말한다.

"소몽 선생의 지적은 모두가 깊이 명심해야 할 부분입니다. 우리는 광복을 되찾기 위해 비밀결사를 조직했습니다. 인명을 살해하는 그 자체가 우리의 목표라 할 수는 없습니다."

이병호가 박상진의 말 뒤에 꼬리를 단다.

"여부가 있당가요? 그것은 수단이지라. 지가 비록 새파랗지만 수단이 목표 달성에 걸림돌이 되부러서는 안 된다는 사실은 익히 알고 있지라. 소몽 선생 말씸처럼 신중에 신중을 거듭해서 행동에 돌입을 해야지라."

이윽고 권영만이 좌중을 정리하는 발언을 한다.

"일본놈들과 전투를 벌이게 되는 경우는 물론 예외이지만, 특정인을 처단하는 과업은 본부에서 회의를 거친 다음 실행하도록 하는 것이 타당할 듯하오. 여러분들께서는 어찌 생각하시오?"

채기중이 가장 먼저 동의했다.

"좋은 결론이오. 그렇게 하십시다."

우재룡, 김한종, 이관구 등도 찬동 의사를 나타내었다. 이렇게 논의가 끝나는가 하는데, 이병호가 새로 말을 꺼낸다.

"우리 광복회가 추진하는 주요 자금 모집은 의연금 모금이고, 대상은 전국의 부호들이지라. 식민 지배가 시작된 지 얼마 되지 않은 시점인데도 대부분의 부호들은 일제 통치 체제에 안주하려는 경향을 보이고 있을 뿐만 아니라, 상당수 부호들은 의연금 모집에 저항하고 있당께요. 광복회는 이를 응징함으로써 전국의 비협조적인 부호들에게 경각심을 일깨워야 하지라.[29] 전라도에서는 서도현이 바로 그런 자다요. 좋은 기회를 만나면 반드시 응징할까 하지라."

이병호가 서도현을 처단하겠다고 내심을 드러내자, 충청도 지부장 김한종도,

"전국 각 도별로 응징 사례를 남기는 것이 좋을 듯하네유. 그 사람 개인헌테 무슨 억하심정이 있어서는 아니지만, 대의를 위해서는 어쩔 수 없이 밀고 나가야지유. 충청도에는 악명 높은 자로 박용하가 첫손에 꼽히네유."

한다. 이때 황해도 지부장인 이관구가 자기 고장 사람이 아닌데도 장승원을 응징해야 한다고 발언한다.

"경상도에는 장승원이라는 자가 있지 않습네까?"

이관구는 신규식이 창립한 동제사(1912년 상해에 결성된 한국인 최초의 독립운동단체)에서 활동하던 1914년 12월경 중국에서 박상진을 만났고, 그 인연으로 광복회 황해도 지부장을 맡았다. [30] 이관구는 당시 박상진으로부터 장승원이 왕산 허위를 일제에

---

29) 이성우《광복회 연구》107쪽과 안동대 안동문화연구소《경북독립운동사》Ⅱ 472쪽은 '〈형사사건부〉에, 권상석과 임세규는 체포를 면했으나 재판부는 이들에게 10년형을 선고했다.'면서 '〈형사사건부〉에는 서상준이 기록되어 있으나 형량은 알 수 없다.'라고 기술하고 있다.

고발한 일을 들으며 치를 떤 바 있었다. 오늘 여러 동지들이 응징해야 할 인물들을 거론하자 이관구는 문득 그 기억이 되살아났고, 그래서 지금 장승원을 거론하고 있는 것이다.

친일 부호 응징 문제는 이병호가 거론하면서 갑자기 화제로 번진 것은 아니다. 그것은 본래부터 오늘 회의의 주요 의제 중 하나였다. 총독 암살, 강원도 영월의 중석 광산과 대구 부호 서우순의 집을 습격하여 군자금을 탈취하는 사업, 그리고 친일 부호 응징에 관한 논의가 예정된 핵심 의제였다. 회의가 끝나고, 모두들 자신이 맡은 임무를 완수하기 위해 녹동을 떠났다.

1917년 11월 9일 초저녁, 채기중은 나그네를 가장하여 구미 오태동 장승원의 집에 1박을 청했다.

"대구에 사는 진사 공 아무개라 하오. 경성으로 가는 중에 문득 날이 어두워졌기에 염치 불구하고 이렇게 찾았소이다."[31]

채기중은 '서울' 대신 친일파들이 좋아하는 '경성京城'[32]이라는 호칭까지 써가면서 집사의 비위를 맞추었다. 집사가 보니 의

---

30) 안동대 안동문화연구소, 《경북독립운동사》 Ⅱ, 442쪽

31) 경성복심법원 1919년 9월 22일 〈형공刑控〉 168호(《광복회 100주년 자료집 Ⅰ》), 172쪽

32) 경성京城이라는 말은 조선 시대에도 있었으나 '서울' 대신 사용된 것은 1910년 8월, 즉 일제 강점기 때부터이다. 일제는 한성부를 경성부로 바꾼 후 경기도에 포함시켜 격을 낮추었다. 이 소설에서 '채기중은 서울 대신 친일파들이 좋아하는 경성이라는 호칭까지 써가면서 집사의 비위를 맞추었다'라고 한 것은 그러한 역사적 배경을 감안한 표현이다.

관을 정제한 점잖은 선비라, 의심하지 않고 그를 사랑채에 묵게 하였다.

이튿날인 11월 10일 아침, 채기중은 장승원과 인사를 나눈 후 그 집에서 나왔다. 이들은 장승원 집에서 5리가량 떨어진 낙동강변 버드나무숲에 모여 작전을 짰다. 채기중과 강순필이 장승원을 저격하고, 총소리가 나면 다른 사람들은 집에 불을 지르기로 역할을 나누었다. 불이 번지면 소화를 하느라 그 집 사람들은 경황이 없어질 테고, 그러면 추격에 신경을 쓰지 못할 것이다.[33)]

이윽고 해가 서산에 걸렸다. 일행은 다시 장승원의 집 근처로 접근했다. 장승원이 하루 종일 밖으로 나가지 않고 집 안에 머무르고 있다는 사실은 종일 감시하여 이미 알고 있다. 그래도 채기중 일행은 혹시나 하는 마음에 장승원 집 상황을 다시 한번 파악해 보았다. 어쩐 일인지 오늘은 대문채와 사랑채 사이 뜰이 조용했다. 들판에 일을 나간 종들이 아직 돌아오지 않은 듯했다.

채기중 일행은 석유로 가득 찬 맥주병을 들고 장승원의 집으로 향했다. 대문채를 지나 장승원이 머물고 있는 거실에 들이닥친 채기중과 강순필이 권총을 장승원의 콧등에 들이댄 채 호통을 쳤다.

"이제야 친일 반민족 악질 장승원이를 처단하게 되었구나!"

장승원이,

"웨, 웬놈이냐?"

---

33) 경성복심법원 1919년 9월 22일 〈형공〉 168호, 앞의 책 173쪽

하다 말고,

"사, 살려 주시오! 무엇 때문에 이러시오? 돈이요? 달라는 대로 줄 테니 목숨만 살려 주시오!"

하며 애걸복걸하였다. 채기중이 꾸짖었다.

"너는 왕산 선생과의 약속을 어겼고, 심지어 왕산 선생 형제가 의병을 일으키기 위해 군자금을 요청했을 때는 일제에 밀고까지 했다. 어디 그뿐이냐? 왕실 재산을 관리하는 높은 벼슬에 있으면서 전하의 토지까지 편취한 불충한 자이다.[34] 게다가 너는 아무 죄도 없는 소작인의 처를 무자비하게 때려서 죽인 악독한 살인마다![35]"

"그, 그건 오해요. 나는 허위와 그런 약속을 한 적도 없고, 왕실 재산을 가로챈 적도 없소. 모두가 나를 시기하는 자들이 악의로 지어낸 거짓들이오."

"이놈이 터무니없는 거짓말로 우리를 속이려 드는구나!"

"아, 아니오. 모두 참말이오. 사람이 출세를 하면 공연히 질투에 휘말려 적이 많아지는 법이라는 걸 모르시오? 워, 원하는 대로 돈, 돈을 드릴 테니……."

채기중이 총탄을 연달아 쏘면서 장승원에게 말했다.

"이제 지옥에 가서 쉬어라, 친일 반역 도당아!"

강순필도 장승원에게 총을 쏘았다.

---

34) 정인열 《대구독립운동사》 184쪽에는 《국역 고등경찰 요사》 339쪽에 소설 속 채기중이 말한 내용을 '일제가 기록하고 있다.'고 소개되어 있다.

35) 이성우, 《백산 우재룡의 독립운동》, 134쪽.

이때 마당에서 총격을 기다리고 있던 유창순은 채기중이 대여섯 발, 강순필이 한두 발 연사한 듯한 총소리를 들었다.[36] 유창순은 때를 놓칠세라 석유가 든 맥주병을 마루에 확 집어던졌다. 석유가 산산이 흩어지면 불을 지를 계획이었다. 그런데 병은 깨어지지 않고 그냥 구르기만 했다. 다급해진 유창순은 병을 다시 주워 재차 집어던졌다. 병이 쨍 소리를 내며 박살이 났다.

이때 파편이 튀면서 유창순의 손등에 날아와 꽉 박혔다. 손이 피투성이로 변한 유창순은 성냥에 불을 붙일 수가 없었다. 그 순간 채기중과 강순필이 방에서 뛰쳐나왔다. 유창순은 성냥을 내던지고 그들을 뒤따라 마당을 가로질러 달렸다.

장승원의 종들이 주인의 방 쪽으로 몰려가는 것을 확인한 채기중은 품속에 안고 온 종이를 꺼내어 침착하게 대문 오른쪽 벽에 붙였다.

日維光復 天人是符 聲此大罪 戒我同胞
聲戒人 光復會員

'나라를 광복하려 함은 하늘과 사람의 뜻이니 큰 죄를 꾸짖어 우리 동포에게 경계하노라. 경계하는 이, 광복회원'이라는 뜻의 사형 선고문이었다. 같은 종이를 강순필은 마을 어귀 버드나무 다락에도 붙였다. 장승원 처단이 단순한 살인 사건이 아니라 조국 광복을 위해 친일파를 응징한 독립운동의 일환임을 명백히 밝히기 위한 것이었다.[37]

---

36) 경성복심법원 1919년 9월 22일 〈형공〉 168호, 앞의 책 168쪽

채기중은 장승원 처단을 위해 선산으로 출발할 때 말했었다.
"장승원을 처단한 뒤 그냥 도주해버리면 세상 사람들은 무슨 개인적 원한이 있는 자가 살해한 것으로 여길 것이오. 이는 마땅하지 못한 일이오."[38]

경상도 관찰사를 지낸 친일파 거두 장승원이 독립운동 군자금 의연을 거부하다가 광복회에 총살당했다는 소식은 세상을 놀라게 했다.[39]

장승원이 처단된 장소에서 '광복회' 이름이 나온 이래 일제는 광복회에 대한 수사를 시작했다. 일제 경찰은 부호들에게 발송한 통고문이 가장 많이 발견된 충청도 지역을 중점 수사 지역으로 잡았다. 충청도 경찰국은 관외 출입 빈도가 특별히 높은 조선인들의 면면을 뒤진 끝에 박용하 처단 사흘 만인 1월 27일 김한종과 장두환을 주목했다.

결국 장두환이 가장 먼저 체포되고, 곧 이어 충청도 지부장 김한종도 일제에 구속되었다. 이어 강석주, 권상석, 김경태, 김상준, 김원묵, 김한종의 두 삼촌인 김재창과 김재풍, 김재철, 성달영, 성문영, 신양춘, 유중협, 유창순, 정우풍, 정운기, 정태복, 조정철, 황학성 등 충청도 지부원들이 일제 경찰에 붙잡혔다. 2

---

37) 이성우, 《백산 우재룡의 독립운동》, 137쪽
38) 경성복심법원 1919년 9월 22일 〈형공〉 168호, 앞의 책 167쪽
39) 박성수, 《알기 쉬운 독립운동사》, 176쪽 : 3·1운동 전야에 세인을 놀라게 한 사건은 비밀결사 광복회(총사령 : 박상진)가 대구의 부호 전 관찰사 장승원을 사살한 일이었다.

월 1일에는 총사령 박상진마저 체포되었다.

박상진이 체포되던 무렵 우재룡과 권영만은 서울에 있었다. 두 사람은 재빨리 압록강을 건너 만주로 넘어갔다. 하지만 대부분의 광복회 주요 회원들은 박상진 총사령의 피체 이후에도 계속 일제 경찰에 구속되었다. 6월에는 평안도와 황해도에서 활동해온 이관구, 박원동, 성낙규, 오찬근, 이근영 등이 체포되었다. 8월에는 전라도의 이병호, 최면식 등이 구속되었다.

특이한 것은 채기중의 피체였다. 경상도 지부장 채기중이 일제에 잡힌 곳은 경상도가 아니라 전라도 목포였다. 그는 일제 경찰의 검은 손이 경상도 지역에 뻗쳐오자 몸을 피해 전라도로 옮겨와서 활동했다. 채기중은 전라도 지부장 이병호 등과 함께 지역 부호들에게 '경고문'을 발송하여 의연금 납부를 재촉하는 등 광복회 활동을 계속했다. 그해 5월, 목포의 현기남, 광주의 임병용, 보성의 양신무과 박남현 등은 광복회 전라도 지부가 보내온 경고문을 받았다.

> 조선은 일본에 병합되어 우리들 조선인은 분개 막심하다.
> 무릇 사람으로서 국가 없는 사람이 없다. 따라서 우리는 전력을 다해 국권을 회복하지 않으면 안 된다.
> 모사謀事는 사람에 달려 있고 성사成事는 하늘에 있으므로 충의의 선비를 모아 민국民國을 조직하고 병사를 기르고 농회農會를 개장開場하는 데 있어 가장 어려움은 역시 금전이다.

여기에서 생각 끝에 유지有志 자산가들에게 간청하여 원조를 구하게 되었다. 이 경고에 위배하거나 불응하지 않으면 첫째는 국가의 행복이요, 둘째는 귀하의 생색生色될 것이니, 보통 세상의 예사로운 자들과 동일시 말고, 얼마간의 금액을 며칠까지 준비하여 본 회本會의 간사인幹事人의 지시를 기다려 서둘러 율령시행律令施行과 같이 이행해 주기 바란다.

만일 반동反動을 놀거나 또는 본 회원에게 추호의 해를 끼치는 자 있으면 즉시 본 회로부터 결사대決死團을 파견하여 보구報仇할 능력이 완전하므로 십분 유의하기 바란다.

광복회

채기중과 이병호 등은 6월에도 보성 일대의 부호들을 상대로 하는 독립운동 군자금 모집 활동을 준비했다. 하지만 충청도 지부와 경상도 지부를 대대적으로 탄압한 일제 경찰이 이제는 전라도의 동향을 삼엄하게 감시하고 있는데다, 총사령 박상진이 체포되는 등 광복회의 활동 자체가 내리막길을 걷고 있는 상황에서 부호들로부터 의연금을 거두는 것은 사실 불가능했다.

결국 보성에서의 군자금 모집을 포기한 채기중과 이병호는 중국 망명길을 모색했다. 하지만 두 사람은 우재룡과 권영만처럼 중국으로 넘어가는 데 성공하지 못하고, 7월 14일 목포에서 중국행 배편을 알아보던 중 일제 경찰에 체포되고 말았다.

1919년 5월 어느 날.
"광복회 도당들이 몇 년 동안 조선을 시끄럽게 한 것이 3월

1일 이후 반도 전체에 대규모 시위가 일어나는 데 결정적 계기로 작용했습니다.[40] 광복회 놈들이 숫자는 그렇게 많지 않지만 끝내 들불을 일으킨 것이지요."

조선헌병대사령관 고지마 소우지로兒島次郎의 보고를 듣고 있던 제2대 조선총독 하세가와 요시마치長谷川好道의 얼굴이 걷어차인 깡통처럼 일그러진다.

결국 하세가와는 일본으로 돌아가야 했다. 하세가와는 독립만세운동에 참여했한 조선인 7,509명을 죽이고, 1만5,961명에게 부상을 입히고, 4만6,948명을 체포하고, 민가 715채·교회 4개소·학교 2개소를 불태워 없앴지만,[41] 3·1운동을 예방하지 못한 책임을 추궁당해 결국 1919년 8월 12일 소환되었다.

---

40) 조선헌병대사령부가 조선총독에게 보고하기 위해서 1919년에 제작한 《대정 8년 조선 소요 사건 상황》(국학자료원, 1995)에 '충청도 3·1운동의 배경은 광복회의 활동'이라는 표현이 등장한다. 이 자료는 충청도에 관한 내용만 담고 있지만, 일본이 공개하지 않는 많은 자료들을 일반이 확인하게 되는 날이 오면 1919년의 전국 3·1운동이 광복회의 활동을 보고 용기와 자신감을 얻은 우리나라 사람들의 나라 전체 독립운동이라는 사실이 일반화될 것으로 추정된다.

41) 제 5차 교육과정 국정 《고등학교 국사》 교과서의 표현

경북대 정문 안 150m 장윤덕 의사 순국 기념비
이등박문 암살 계획 실패 후 의병 투쟁 중 순국

　경북대학교 정문으로 진입해 150m가량 들어서면 도로 오른쪽 넓은 잔디밭 한복판에 특이한 모습으로 서 있는 조형물 하나와 만나게 된다. '장윤덕張胤德(1872.7.6.~1907.9.16.) 의사 순국 기념비'이다. 장윤덕 의사는 순국 후 60년이 지난 1968년에 건국훈장 독립장을 받은 애국지사이다. 경건한 마음으로 비 앞까지 다가서니 서쪽에 안내판이 서 있다.

소재지 : 대구시 북구 산격동 1370

건립 일자 : 1956년 1월 1일

규모 : 부지 10평, 높이 3m

장윤덕 의사는 경북 예천 출신으로 1907년 4월 서울에 상경하여 이토 히로부미伊藤博文를 비롯한 매국적신賣國賊臣들을 살해하려 하였으나 밀고로 실패하고 고향에 피신해 있던 중 같은 해 7월에 격문을 각지에 발송하고 300여 명의 의병을 일으켜 항일 투쟁을 전개하였으며, 1907년 9월에는 이강년李康年[42] 의병장 휘하 의병장으로 풍기, 봉화, 문경 등지에서 큰 전과를 올렸다. 1907년 9월 16일 상주읍을 습격하여 일경과 교전하다 총상을 입고 체포되어 혹독한 고문을 당했지만 굴하지 않고 스스로 혀를 끊고 함구하며 항거하다가 그날 당일 상주 함창 구향리 뒷산에서 총살, 순국하였다.

---

42) 이강년은 1858년 12월 30일 경상북도 문경군 가은면 도태리에서 아버지 이기태와 어머니 의령 남씨의 아들로 태어났다. 1880년 무과에 급제하여 선전관으로 재직했는데 1884년 일본에 기댄 급진 개혁파의 갑신정변이 발발하자 낙향했다. 1894년 동학농민운동 때는 동학군에 가담하여 일본군 및 탐관오리들과 싸웠고, 1895년과 1907년에는 문경에서 의병을 일으켰다. 이강년은 민긍호 등과 합세하여 제천에서 적 500명을 죽이는 등 크게 활약했지만 1908년 청풍 까치산 전투에서 일본군에 체포되어 순국했다.

'밀고로 실패했다'와 '스스로 혀를 끊고 함구했다'라는 부분이 특별히 가슴 아프게 느껴진다. 신돌석申乭石(1878.11.3~1908.11.18.) 의병장이 배신자들에 의해 유명을 달리한 비극이 저절로 연상되는 대목이다. 이광수는 "나는 민족을 위해 친일 했다."라고 강변했다. 어느 시대를 막론하고 배신자들은 자신의 행위를 합리화하기 위해 늘 궤변의 논리를 갖춘 채 당당하게 살아간다. 이익을 위해 나라와 민족을 배신하고, 지역 공동체를 배신하고, 벗을 배신하고, 속으로는 자신의 양심을 배신하는 저급한 인간들이 없는 세상은 언제 오려냐!

기념비에 새겨진 비문을 읽는다. 비문은 배학보(신암선열공원 안장 독립지사, 대구사범학교 학생독립운동)가 짓고 최원봉이 글씨를 썼다. 이런 빗돌의 글들이 흔히 그렇듯 장윤덕 의사 순국 기념비도 비문 해독이 거의 불가능하다. 그래서 조금 전에 읽은 안내판을 따로 세워둔 관리인의 정성이 고맙다.

기념비 비문을 사진으로 찍어 컴퓨터에 집어넣는다. 글자를 확대해서 읽으려는 시도이다. 이렇게 정성을 기울이면 스쳐지나갈 비문의 내용도 잘 알게 된다. 특히 기념비 앞까지 찾아갔지만 비문은 읽어보지 못한 채 발길을 돌렸던 분들에게 선열의 사상과 업적을 소개하는 보람도 느낄 수 있다.

그 동안 임진왜란, 경술국치 등 어려운 시기에 목숨을 바쳐 나라와 겨레를 위해 싸웠던 선열들의 빗돌에 새겨져 있는 글을 일반 독자들이 알아볼 수 있도록 옮겨 적는 일을 많이 해왔다. 그렇게 하는 것이 선열들의 위대한 삶을 추념하는 최소한의 도리라고 믿었던 까닭이다. 장윤덕 의사는 "내 이미 죽음을 각오하고 의거하여 강도 너희 놈들을 몰아내지 못하고 붙잡혔으니 오직 죽음을 바랄 뿐이며, 너희 놈들과는 아무 말도 하기 싫다."[43]라고 적을 꾸짖으며 스스로 혀를 깨물었다. 그렇게 말 못하는 신세가 됨으로써 일제의 취조를 거부하고 동지들을 지켰으나, 마침내 목숨을 잃는 순국의 길을 갔다. 그런데 어찌 내가 사소한 노고를 귀찮아하랴!

> 배달의 슬기로운 기백이 타오르는 이 푸른 언덕에 겨레와 강토를 굽어보는 높고 큰 봉우리가 있으니 이가 곧 의병대장 장윤덕 의사이시다.
> 서기 1872년 7월 예천읍에서 (장재안張載安의 장남으로) 탄생하니 자[44]는 원숙元淑이요 호는 성암惺菴이다. 일찍이 한학을 닦아 예천군 수서기首書記의 관직에 있을 때 저 망국의 을사조약[45]이 체결되자 검은 구름은 하늘을 뒤덮고

---

43) 경상북도 도청의 2012년 6월 '7월의 경상북도 독립운동가' 선정 발표문에 수록되어 있는 '장윤덕 의사 어록 중'에서 참조.

44) 옛날에는 이름을 소중히 여겨 임금이나 스승, 직계 어른 외에는 함부로 부르지 않았다. 본명 대신 다른 이름을 지어서 불렀는데, 그 이름을 자字라 했다. 자는 집안 어른 등이 지어주는 것이 일반적이었고, 자가 생기면 성인으로 대우를 받았다. 자와 다른 호號도 있었는데, 호는 본명 대신 가볍게 부르는 이름으로 본인이 짓거나 벗들이 지어주었다.

45) 1905년 일본이 우리나라의 외교권을 빼앗기 위해 강제로 맺은 조약이다. 이 조약이 맺어진 것은 박제순, 이지용, 이근택, 이

> 도적의 발길이 삼천리를 짓밟으며 가슴에 품은 의분의 칼은 갈수록 서슬이 푸르렀다.
>
> 　서기 1907년 4월 서울에 올라가 침략자의 우두머리와 매국역도의 주륙을 꾀하였으나 배신자의 밀고로 뜻을 이루지 못하였다. 그러나 원한의 칼날은 더욱 원수를 노려 늦춤이 없더니 7월에 격문을 사방에 뿌려 삼백여 명의 의병을 일으켜 풍기 분파소를 쳐부수었으며 봉화의 소굴을 불태우고[46] 문경, 용궁, 예천 등지로 피의 항쟁을 계속하던 중 특히 문경 땅 갈벌 싸움에서는 이강년, 민긍호 등의 의진義陣(의병 부대)과 합세하여 왜적의 수비대와 경찰대를 섬멸시켜 민족의 의기를 천추에 떨쳤다.[47]

완용, 권중현이 이등박문에게 크게 협조한 결과로, 그래서 이 다섯 사람을 '을사5적'이라 부른다. 1905년에 맺어진 이 조약은 국가 사이의 통상적인 조약이 아니라 일본에 의해 강제로勒 체결된 것이므로 을사늑약으로 바꿔 부르는 것이 옳다는 견해가 많다. 늑勒은 '강제로 무엇을 하게 하다'라는 뜻으로, 을사늑약이라는 이름에는 1905년의 조약이 원인 무효라는 생각이 담겨 있다.

46) 국가보훈처 누리집 '독립유공자 공훈록'에는 좀 더 자세한 내용이 기록되어 있다. : 7월 9일에는 일본 경찰대와 교전하여 일日 보조원補助員 3명과 한인 순검 2명을 사살하였다. 그해 8월 27일 의병 300여 명을 인솔하고 풍기 일경 분파소를 습격하여 1명을 사살하고 31일에는 봉화 분파소를 습격하여 건물을 불태웠다.

47) 국가보훈처 누리집 '독립유공자 공훈록' : 9월 3일 문경읍을 습격, 일본인 2명을 사살하고 일인의 가옥을 소각시켰으며, 10일에는 이강년, 민긍호 등의 의진과 합세하여 1,000여 명의 의병을 이끌고 문경면 갈평리에서 일경 영곡永谷 경시와 삼원三原 소위가 인솔한 경찰대 및 수비대와 격전하여 적 3명과 한인 순검 2명을 사살하고 적을 격퇴시켰다.

이어 의사는 대구 수비대를 무찌르고자 의진을 이끌고 쳐들어 가다가 (9월 16일) 상주에서 대구 수비대와 격돌, 격전 끝에 총상을 입고 마침내 왜적에게 잡힌 몸이 되어 갖은 악형을 당하였으나 끝내 굴하지 않고 앞니로 혀를 끊어 맵고 곧은 절개를 지켰으니[48] 이것이 곧 배달의 기백이요 화랑의 일이다.

　　아, 아, 원통하여라. 왜적의 모진 손길은 드디어 의사를 총살형에 처하였으니 서기 1907년 9월 16일 35세의 젊은 별은 상주군 함창 땅에 떨어져 잠자던 겨레의 횃불이 되었도다.

　　조국이 광복된 지 스무 해 되는 오늘 나라의 기둥 될 준재들이 모인 이곳 경북대학교 뜰에 드높이 돌을 세우고 의로운 사적을 새겨 이 땅의 젊은이 학도들에게 길이 전하니 후진들은 명심할지이다.

　기념비의 비문은 '이 땅의 젊은이들에게' 다시는 망국에 이르는 어리석음을 저질러서는 안 된다는 사실을 '명심'하라고 강조하고 있다.■

---

48) 국가보훈처 누리집 '독립유공자 공훈록' : 9월 12일, 예천읍을 습격하고 이어 16일 300여 명의 의병을 이끌고 대구 수비대를 격파하고자 상주읍을 습격, 일경의 자위단自衛團과 교전하였다. 이 전투 중 대구 수비대에서 전중田中 대위가 1개 중대를 인솔하고 출동하여 격전이 벌어졌으나 중과부적으로 의병진은 무너지고 장윤덕은 총상을 입고 체포되었다. 체포된 후 이송되어 혹독한 고문을 당해도 굴하지 않고 스스로 혀를 끊고 함구하며 항거하다가 1907년 9월 16일 상주군 함창면 구향리 뒷산에서 총살, 순국하였다.

동구 동북로71길 33 신암선열공원
우리나라 유일의 독립운동가 전용 국립묘지

 2018년 5월 1일 대구의 신암선열공원이 국내 유일의 독립운동가 전용 국립묘지로 다시 태어났다. 언론들은 신암선열공원이 국립묘지로 재탄생한 일을 두고 '신암선열공원이 일곱 번째 국립묘지로 승격되었다.'고 보도했다.
 '국립묘지의 설치 및 운영에 관한 법률'에 따르면 국립묘지에는 '1. 국립 서울 현충원 / 2. 국립 대전 현충원 / 3. 국립4·19민주묘지 / 4. 국립3·15민주묘지 / 5. 국립5·18민주묘지 / 6. 국립 호국원 / 7. 국립 신암 선열공원'이 있다. 경기 이천, 경북 영천, 경남 산청, 전북 임실에 있는 네 곳 호국원은 합해서 하나의 국립묘지로 본다.
 신암선열공원에 안장되어 있는 52분 독립지사들의 묘소는 본래 대명동 등지에 흩어져 있었다. 그 후 1955년 이래 이곳으로 이장되기 시작하여 1987년 신암선열공원이라는 이름으로 본격 조성되었다. 중심 건물은 사당인 단충사丹忠祠로, 52위의 위패를 모시고 있다.
 신암선열공원 답사의 핵심은 단충사 참배 이후 묘소들을 둘러보는 일이다. 묘역은 다섯 구역으로 나뉘어서 조성되어 있는데, 입구 안내판은 각 묘소에 번호를 매긴 지도를 게시해두어 참배자들의 편의를 도와준다(96~97쪽 참조).

2018년 5월 10일 발간한 책 《신암선열공원》을 통해 신암선열공원에 모셔진 52분의 생애와 업적을 소개한 바 있다. 같은 내용 전문을 이 책에 모두 재수록할 수는 없으므로 지금은 《신암선열공원》을 참고하시라고 말씀드릴 수밖에 없다. 다만 신암선열공원을 답사할 때 묘비나 묘소 앞 표지석에 새겨져 있는 글을 쉽게 이해하기 위해 배경지식으로 갖추고 있어야 함직한 용어들에 대한 해설만 지금 언급하고자 한다.

훈격勳格은 나라의 발전에 뚜렷한 공로를 세운 사람에게 정부가 주는 상勳의 등급格을 말한다. 건국 또는 나라의 기반을 세우는 데 뚜렷한 공로가 있는 사람에게 주는 건국훈장은 1949년부터 수여되었는데, 현재는 건국훈장 대한민국장, 건국훈장 대통령장, 건국훈장 독립장, 건국훈장 애국장, 건국훈장 애족장의 5등급이 있다. 건국포장과 대통령 표창은 그 아래 등급이다.

강제징용強制徵用은 지금도 세계인들의 주목을 받고 있는 사안으로, 특히 우리나라와 일본 두 나라 사이에는 여전히 심각한 현안으로 남아 있다. 일제 강점기 때 일본은 노동력

보충을 위해 조선인을 유인하거나 속여서 일본의 토목 공사장이나 광산 등지로 끌고徵 가 혹사했고, 멀리 동아시아까지 잡아 가 철도 공사 등에 강제로 투입하여 부려먹었다用.

뿐만 아니라 1937년의 중・일전쟁 뒤에는 '국가 총동원법'을 공포한 후 '국민 징용령'을 실시, 마구잡이로 조선인을 끌고 갔다. 1939년부터 1945년까지 일본으로 끌려간 조선인은 (징병, '위안부', 여자 근로정신대를 제외하고도) 150만 명이나 되는 것으로 조사되어 있다(국사편찬위원회 《신편 한국사》). 심지어 일제는 '근로 동원'이라는 명목 하에 국민학생(현 초등학생)까지 군사 시설 공사장으로 내몰았고, 1944년에는 '여자 정신대 근무령'을 발표, 12세~40세 여성 수십 만 명을 끌고 가 군수 공장 등에서 강제노동을 시키거나 군대의 '위안부'로 보내는 만행을 저질렀다(여성가족부 누리집 "'위안부'는 3만~40만 명이었다.").

강제 징용된 조선인은 집단 학살을 당하기도 했다. 집단 학살의 대표 사례는 평양 미림 비행장 노동자 800여 명과 (일본 영토 중 가장 북쪽 땅인 홋카이도北海道의 동북쪽에 흩어져 있는) 지시마千島 열도列島 노동자 5,000여 명이 떼죽음을 당한 일이다. 일제는 강제 징용한 조선인들을 군사 시설 공사에 투입하고는 일이 끝나자 기밀 보호를 이유로 참혹하게 학살했다.

일본군은 2차 대전이 끝나 동남아에서 철수할 때에도 '증거 인멸'을 목적으로 '위안부' 등 조선인들을 섬의 동굴에 집어넣어 한꺼번에 몰살하기도 했다. 더 이상 야만적일 수 없는 비인간적 강제 징용의 참사…. 독립지사 묘소 앞에 서서, 아직도 자신들의 잘못에 대한 인정과 보상을 거부하고 있는 일본의 낯 뜨거운 철면피를 생각한다.

'대한민국임시정부'와 '광복군'이 묘소 표지석에 많이 새겨져 있다.

국사편찬위원회의 《한국사》는 '3·1운동의 궁극적인 목표는 일제 패반覇絆(강력한 힘으로 억누름)에서 독립한 정부 수립에 있었으므로 3·1운동이 전국적으로 파급되어 전민족운동으로 발전하던 1919년 4월에는 민족 지도자들에 의해서 임시정부 수립을 보게 되었다.'면서 '임시정부의 수립은 국내·외 곳곳에서 계획되었는데 그것은 3·1운동의 정리 작업이면서 새 국면에 대처하는 민족운동으로서 독립운동의 발전이었다. 전국적으로 확대되어 가는 3·1운동을 주시하면서 임시정부를 수립하고 공표한다는 것은 일제에 대하여 민족의지의 결정적 표현으로서 그들의 퇴각을 촉구하는 의미로 중요했고, 또 일제가 퇴각할 경우의 과도적 총치 체제로도 생각해 볼만한 일이었다. 그리고 일제의 통치가 계속 강화될 경우에는 전민족 운동으로 나타난 3·1운동을 조직적인 독립운동으로 발전시키는 의미에서 더욱 중요했다.'라고 설명한다.

3·1운동의 목표는 독립에 있었고, 독립국가에는 필연적으로 정부가 존재하므로 1919년 당시 우리 선조들은 3·1운

동 이후 민족의 의지를 모아 임시정부를 수립했다는 요지이다. 다만 임시정부가 여러 곳에 생겨났다는 대목이 의아스럽다. 《한국사》는 독자의 그러한 궁금증을 미리 짐작이라도 한 듯 '임시정부의 수립을 여러 곳에서 발표했다고 해서 민족의 분열에 의한 정부의 난립으로 볼 것이 아니라 3·1운동의 확대 과정에서 전 민족이 임시정부 수립을 요망했기 때문에 나타난 애국심의 발로 현상으로 보아야 할 일이다. 즉 정부 수립을 요망하는 민족의 의사를 식민치하에서 통일하여 정리할 수 없었으므로 각처各處(여러 곳)에서 추진 공표할 수밖에 없었던 것이다. 그것은 얼마 후에 대한민국임시정부로 통합 일원화된 것을 보아도 알 수 있다.'라고 보충 설명을 해준다.

한국학중앙연구원의 《한국민족문화대백과》를 더 읽어본다. '3·1운동을 전후로 국내·외 7개의 임시정부가 수립되었으나, 상해를 거점으로 1919년 9월 개헌 형식으로 통합되어 대한민국임시정부大韓民國臨時政府가 되었다. 상해에 있던 시기(1919~1932)에는 국내·외 동포사회에 통할 조직을 확대하면서 외교 활동이나 독립전쟁 등을 지도·통할하는 데 주력하였다.'

3·1운동 이후 독립을 열망하는 민족의 의지가 분출되어 무려 일곱 개나 되는 임시정부가 생겨났는데, 이내 상해의 대한민국임시정부로 통합되었고, 상해의 대한민국임시정부는 나라를 대표하여 외교 활동과 독립전쟁을 종합적으로 수행하였다는 뜻이다.

대한민국임시정부[49]가 수행한 독립전쟁 임무 중 하나가 광복군 창설이다. 대한민국임시정부는 1940년 9월 17일 중국 충칭重慶에서 총사령관에 지청천, 참모장에 이범석을 선출한 항일 군대를 창설하고 이름을 광복군이라 했다. 1941년 태평양전쟁이 일어나자 광복군은 대일본 선전포고를 했다. 광복군은 1945년 8월 20일 국내 수복 작전을 세워 놓고 훈련을 실시하던 중 8·15 해방을 맞았다.

'무정부주의, 진우연맹, 대구노동친목회' 등을 살펴본다. 방한상方漢相, 신재모申宰模, 우해룡禹海龍, 정명준鄭命俊 등 신암선열공원에 함께 안장되어 있는 지사들은 1925년 9월 대구에서 서동성徐東星·서학이徐學伊·마명馬鳴·정해룡鄭海龍·안달득安達得·하종진河鐘璡·김동석金東碩 등과 더불어 무정부주의

---

[49] 국가보훈처와 독립기념관이 공동으로 마련한 <'대한민국임시정부' 수립 기념일, 언제인가?> 학술회의가 2018년 3월 26일 국회 의원회관에서 열렸다. 그 동안 대한민국 정부는 1987년 제9차 헌법을 개정하면서 전문에 '대한민국은 임시정부의 법통을 계승'했다고 명문화했고, 1989년 12월 '대한민국 임시정부 수립 기념일'을 4월 13일로 제정하여 1990년부터 '대한민국임시정부 수립 기념식'을 거행해 왔다. 하지만 학계 일부는 '대한민국임시정부 수립일'이 1919년 4월 11일이라는 의견을 제시해왔다. 이 날 학술회의가 열린 것은 그 때문이다. [참고] 국가보훈처가 1995년에 발간한 《알기 쉬운 독립운동사(박성수 저)》는 '4월 11일 (대한민국임시정부의) 임시 의정원이 구성되고, 13일 내외에 대한민국임시정부의 수립을 선포하였다.'라고 기술하고 있다.

비밀결사 진우연맹眞友聯盟을 조직한다. 진우연맹은 당시 1,100여 명이나 되는 회원을 가진 대구노동친목회大邱勞動親睦會를 그 세력권 하에 두고 있었다.

그들은 일본의 무정부주의 단체인 흑색청년연맹黑色靑年聯盟과도 연락을 하면서 연계 투쟁의 길을 모색한다. 진우연맹은 항일의 구체적 방법으로 향후 2년 내에 대구의 도청·경찰서·우편국·법원을 비롯하여 일본인 점포를 파괴하는 한편 지사·경찰부장 등 관청의 수뇌부 암살을 계획한다. 파괴와 암살 계획을 실행하기 위해 파괴단破壞團을 조직하고 상해 민중사民衆社의 유림柳林을 통해 폭탄 입수를 도모한다.

1925년 11월에는 일본 동경 자아인사自我人社의 구리하라栗原一男, 흑화사黑化社의 랴쿠모토掠本運雄 등 일본 무정부주의자 및 흑우회黑友會의 김정근金正根, 그리고 흑선풍黑旋風, 해방전선解放戰線, 자유노동自由勞動, 관동關東노동조합연합회 등과 연합해 흑색청년연맹黑色靑年聯盟을 결성하고 본부를 동경에 두었다.

그들은 시곡市谷 형무소로 박열朴烈[50]과 그의 부인 가네코

---

50) 흑우회 최초 조직자 박열에 관한 국가보훈처 공훈록의 기록
- 생몰년도 : 1902.2.3.~1974.1.17. / 출신지 : 경북 문경 / 운동 계열 : 의열 투쟁 / 훈격(연도) : 대통령장 (1989) / 공적 내용 : 1919년 경성고등보통학교에 재학할 당시 3·1독립운동에 가담한 혐의로 퇴학당하고 그해 10월경 일본으로 건너가 동경의 정칙正則영어학교에서 수학하였다. 1921년 5월 동경에서 김약수金若水·조봉암曺奉岩·김종범金鍾範 등과 흑도회黑濤會를 조직하였으나 김약수·조봉암

金子文子를 면회하고 돌아와 의연금을 모아 송금하기도 했다. 1926년 4월 구리하라·후세布施辰治 등이 대구로 오자 진우연맹과 흑색청년연맹의 협력을 다짐하는 등 무정부주의운동에 대해 협의하였다.

진우연맹 회원들은 많은 회합 끝에 아나키즘anarchism(무정부주의)[51] 사회를 실현하기 위해 일본의 흑색청년연맹과 제휴할 것, 부호로부터 자금을 조달해 대구 일대에서 파괴·암살을 실행할 것 등을 결의하였다.

우선 경상북도 도청(현 경상감영공원) 및 경찰서(현 중부경찰서)·재판소(현 삼덕동 위치)·정거장(현 대구역 맞은편 대우빌딩

등의 공산주의와 사상적으로 대립되어 해산하고 장상중張祥重·홍진유洪鎭裕 등과 흑우회黑友會를 조직하여 활동하였다. 1922년 4월 정태성鄭泰成 등 동지 16명과 일본 제국주의 타도 및 악질적인 친일파를 응징하기 위하여 무정부주의를 표방하면서 적극적인 활동을 전개했다. 1923년 9월 일본 황태자의 결혼식에 참석하는 천황을 비롯하여 황족과 내각총리대신, 조선총독 등을 폭살하려는 계획을 세우고 이의 실현을 위해 폭탄을 구하기 위하여 중국 상해로 동지 김중한金重漢을 파송하다가 피체되었다. 1926년 3월 일본 대심원에서 사형을 언도받았으나 1926년 4월 5일 무기징역으로 감형되어 20여 년간 옥고를 치르다가 1945년 10월 17일 출옥했다. 정부에서는 고인의 공훈을 기리어 1989년 건국훈장 대통령장을 추서하였다.

51) 아나키즘은 모든 정치조직·권력을 부정하는 사상 및 운동이다. 흔히 아나키즘을 무정부주의라 부르지만, 아나키즘은 국가권력만이 아니라 자본, 종교 등 인간 사회의 모든 영역에 걸쳐 있는 지배를 부정한다. 따라서 아나키즘을 좌익 운동의 일파로 제한하여 인식하는 것은 옳지 않다. 아나키즘 사상이 명확한 사상 계보로 의식되기 시작한 것은 19세기에 들어서부터이다.

일대)을 한꺼번에 파괴하고, 도지사 이하 중요 관리들을 암살한 이후에 일본인들의 시가지인 원정元町 일대를 파괴하고, 나아가 전조선에 무정부주의 사상을 선전하기로 하였다.

그리하여 상해의 김관선金宦善과 연락해 폭탄의 밀반입을 추진하던 중 안달득이 절도 혐의로 잡힘에 따라 거사 계획이 드러나, 8월에 모두 체포되었다. 지사들은 오랜 예심 끝에 재판에 회부되어 1927년 7월 이래 방한상 징역 5년, 신재모 5년, 우해룡 3년, 정명준 2년의 옥고를 치렀다.

이동하 지사의 독립운동 분야인 '대종교'도 알아보아야 한다. 대종교大倧敎는 나라를 재건하기 위해서는 민족혼의 각성과 민족의식 고취가 급선무라고 판단한 나철羅喆이 1909년 단군교라는 이름으로 일으킨 우리나라 고유의 민족종교이다. 1년 뒤 단군교는 대종교로 개칭되었고, 신도가 2만여 명으로 증가했다. 대종교가 1914년 포교 영역을 만주까지 크게 확대하자 위협을 느낀 일본은 1915년 '종교 통제안'을 만들어 대종교를 혹독하게 탄압했다. 교단의 존폐 위기에 봉착한 나철은 1916년 8월 15일 구월산 삼성사三聖祠에서 일본의 폭정을 통탄하는 유서를 남기고 자결했다.

2세 교주 김교헌金敎獻은 비밀결사단체 중광단重光團을 조직하여 그 후 무장독립운동단체 북로군정서北路軍政署[52]로 발

---

52) 1919년 10월, 단군을 섬기는 대종교 계열의 북간도 민족주의자들과 김좌진 등 신민회 계열의 민족주의자들이 합쳐서 대한군

전시켰고, 1920년 청산리靑山里전투53)에서 큰 전과를 올렸다. 일제는 보복으로 이듬해에 대토벌 작전을 전개하여 수많은 교도들을 무차별 학살했다. 김교헌은 분함을 이기지 못해 병으로 죽었다. 그 후 대종교는 1942년 11월 3세 교주 윤세복 외 20명의 간부가 일본 경찰에 검거되어 고문으로 사망하거나 옥사하는 비운을 맞는다.

이혜경李惠卿 지사는 신암선열공원에 모셔진 선열들 중 단 한 분의 여성 독립운동가이다. 그런 까닭에 《신암선열공원》에 소개했던 내용을 이 책에 다시 수록한다.
이혜경 지사의 묘소 동쪽에 김성국金成國 지사의 묘소가

정부大韓軍政府를 조직한다. 대한군정부는 그해 12월 임시정부의 지시로 대한군정서大韓軍政署로 이름을 바꾸어 활약한다. 신민회의 신흥무관학교 출신 등이 편성한 독립군 부대의 이름이 서로군정서西路軍政署였기 때문에 대한군정서는 흔히 북로군정서라는 별칭으로 불려졌다.

53) 김좌진의 북로군정서와 홍범도의 대한독립군은 1920년 10월 백두산 동북쪽의 두만강 상류 청산리에서 일본군을 상대로 사상 최대의 승리를 거두었다. 그해 6월에는 홍범도의 대한독립군과 안무의 국민회군이 두만강 하류 봉오동에서 일본군을 대파하여 독립군 최초의 승리를 거두었다. 연이어 독립군에게 대패한 일본은 만주 거주 조선인을 무차별 학살한 '만주 참변'을 일으켰다. 민간인의 피해를 우려한 독립군은 주둔지를 러시아 영토 내로 옮겼는데, 처음에는 우호적이던 러시아 군대가 일본의 압력을 받은 이후에는 독립군의 무장해제를 요구하면서 총격을 가해 많은 독립군이 죽는 '자유시 참변'이 1921년에 일어났다.

있다. 두 분은 부부이다. 나란히 마련되어 있는 두 분의 묘소 동쪽 앞 비석에는 '義士 金成國·義婦 李惠卿之墓'라는 한자가 새겨져 있다.

비문은 '이혜경' 앞에 '의사義士' 아닌 '의부義婦'를 새김으로써 두 지사가 부부임을 밝혔다. 다만 의부와 의사가 동의어라는 사실을 짚고 넘어가야겠다. 여기서 士는 남자를, 婦는 여자를 의미할 뿐 결코 성차별적 의미가 아니다.

비바람과 흙먼지에 파묻힌 비문을 읽어내기는 참으로 어렵지만, 이런 곳에서는 비에 새겨진 글을 꼭 읽어야 한다. 그래야 진심어린 답사가 된다. 하지만 말처럼 쉬운 일은 아니다. 아주 생경한 한자어는 우리말로 옮겨 읽거나 풀이를 덧붙여서 독자 여러분의 이해를 도울까 한다.

우리 의사 김성국, 의부 이혜경 두 분이 여기 누우셨다.
여기는 우리 겨레에게 바치신 의열의 체백體魄(몸과 영혼)들을 받드는 대구시 신암동 산의 묘지이다. 의사(김성국)의 선대先代(부모)는 경주인으로서(경주 김씨라는 뜻) 양산 상북면 상삼리에 살아 1891년 3월 5일 의사를 낳았으며, 고考(돌아가신 아버지)의 휘諱(돌아가신 분의 이름) 량희亮喜라.

1910년 일본의 침략으로 합병合倂(나라가 합쳐짐)이라는 민족적 비극이 일어났다. 그는 경신학교 재학 중 비분을 이기지 못하여 애국지사 및 학생들과 우국밀모憂國密謀(나라를 걱정하여 비밀리에 계획을 세움)를 하다가 1913년 적옥敵獄(일제의 감옥)에 1년 동안 유인幽因(투옥)되었다. 1919년 민족독립선언이 일어났을 때에는 세브란스 의전(현 연세대 의대) 재학 중 미리 원산 및 부산의 애국자들에게 연락 책임을 띠고 밀방密訪(비밀리에 방문)하여 함께 일어나도록 정약定約(약속을 정함)한 뒤 3월 1일 세브란스 학생을 참가시키고, 다시 제 2차 전략을 은신隱身(몸을 숨김) 획책하다가 또 3년간 유인되었다.

1921년 3월 세브란스를 졸업하여 1923년까지 세브란스 의원(현 연세대 병원) 의사로 있다가 1945년 대구로 옮겨 개업하나, 이때가 왜인이 항복하고 국가 재조再造(다시 만듦)의 시기였으므로 지방인(대구 사람들)은 그를 기다려 모든 일을 맡겼다. 진주進駐(와서 머묾) 연합군 환영 준비위원장, (이하 경력 생략) 그 다음해에는 한미협회 경북지부장, (이하 경력 생략) 그리고 1948년에는 한국민주당 대구시 집행위원, 대한독립촉성국민회 경북 연락부장, (이하 경력 생략) 그 다음해 또 경북 국방협회 이사 등이 그 직책들이다.

그러나 시국이 차차 안정되고 나이가 늙었으므로 이듬해에는 드디어 모든 공직을 사퇴하고 1963년 의업醫業(병원)도 그만두고 여령餘齡(남은 생애)을 조용히 지내다가 1968년 7월 3일 고종考終(세상을 떠남)하니 향년 78세였다.

이李부인(이혜경)은 한산 이씨로, 1890년 1월 18일 서울에서 태어났으며(국가보훈부 공훈록에는 원산 출생) 고考의 휘諱는 창식昌植이다. 1908년 정신여중을 나와 1911년 일본 동경 여자학원 영문과에서 전일녀全日女(모든 일본 여학생)들을 누르고 최우最優(1등)로 졸업하여 정신학교 교사로, 성진 보신여중 교사로 1918년까지 재직했다.

그는 다시 1920년 원산 마르다윌스 성경학원을 졸업하자 대한애국부인회 부회장으로서 민족의식을 고취하고 독립운동 자금을 권유勸募(권하여 모금)한 까닭에 3년간 유인되었다. 그 후 1924년 부산 성경학교에, 1926년 대구 성경학교에 재직하였고, 1945년 복국復國(나라를 되찾음)되자 대한부인회장, 대한적십자사 중앙이사 겸 조직위원, 익년(이듬해) 대구제일교회 집사 겸 권사, 1951년 대구 수석교회 장로로 각각 피선되었다. 1963년 국가에서 건국 공로상(건국훈장 애족장)으로 표창하였으며, 1968년 1월 4일 귀천歸天(타계)하니 향년 79세였다.

두 분은 (같은 목소리를 내고 같은 뜻을 가진) 동성동지同聲同志로 1923년 성혼成婚(결혼)하였으며, 이곳 오향午向(남쪽)에 쌍분(나란히 조성된 두 무덤)되었다. (중략) 동포여, 지키자! 여기 이 겨레를 위하여 그 넋과 몸을 바쳐 오던 대한의 아들 딸, 하나님의 아들 딸, 그 넋 하나님의 품안에 그 몸 여기 간직하였네.

비문은 류석우柳奭佑가 짓고 이영달李英達이 썼다.

비문 끝의 '중략' 부분은 두 분의 자녀에 관한 내용이다. 두 분은 3남 1녀를 두었는데, 목사였던 장남 석구錫九는 해방 이후 의주에서 일어난 폭발 사고 때 자녀와 함께 세상을 떠났고, 2남 준구俊九는 1950년에 납북되었으며, 3남 명구明九는 조천早夭(어린 나이에 죽음)했다.

'중략' 부분을 읽는데 너무나 가슴이 아프다. 나라와 겨레를 위해 평생을 바친 두 분 독립지사 부부에게 왜 이렇게도 하늘은 차갑단 말인가? 두 분은 특히 독실한 기독교 신자였는데, 그것마저도 하늘은 무심히 여겼단 말인가!

안윤재 지사의 활동 부문인 '105인 사건'에 대해 알아본다. (43쪽에서 언급했던) 105인 사건은 1911년 일본 총독부가 민족해방운동을 탄압하려는 목적으로 데라우치 마사타케寺內正毅 초대 총독 암살 미수 사건을 조작하여 신민회 회원 600여 명을 체포, 그 중 105인을 투옥한 사건이다. 이 사건으로 신민회는 해체되고, 신민회 회장 윤치호尹致昊 등이 친일 경향으로 돌아섰으며, 국내의 독립운동 세력은 크게 약화되었다. 하지만 수많은 지사들이 해외로 망명하면서 국외에서 항일운동이 활발하게 펼쳐지는 계기가 되기도 했다.

신민회는 1901년 양기탁, 안창호, 이동휘, 신채호, 김구, 이동녕, 박은식, 이희영, 이시영, 이상재, 윤치호 등 독립협회 청년 회원들이 중심이 되어 만든 비밀 결사단체이다. 신민회는 입헌군주국을 지향한 독립협회와 달리 공화정 체제를 추구했다.

신민회는 회원끼리도 서로 알 수 없게 점조직으로 꾸려졌다. 그럼에도 불구하고 1910년에는 주요 애국계몽 운동가의 거의 대부분이 신민회에 가입했고, 군 단위까지 지부가 설치되었다. 평양 대성학교 등 국내에 많은 학교를 세웠고, 국외에 독립운동 거점을 마련하기 위해 신흥무관학교를 설립해서 독립군을 양성했다. 신흥新興무관학교의 신흥은 '신新민회가 나라를 부흥興시킨다'는 의미였다.

신암선열공원에는 백기만白基萬 지사 묘소도 있다. 국가보훈부 누리집의 '국가유공자 공훈록'에서 백기만을 찾으면 '등록된 공훈록이 없습니다.'라는 내용만 나온다.

윤장근의 《대구문단인물사》(대구서부도서관, 2010)에 따르면, 백기만은 1902년 음력 5월 2일 대구 중구 남산동 284번지에서 태어났다. 1919년 3·1운동 당시 대구고등보통학교(경북고등학교 전신) 3학년이던 백기만은 학생 만세시위를 주동한 혐의로 체포되어 징역 1년을 언도받았다가 복심법원에서 3년 집행유예 처분을 받고 풀려난다.

1920년 일본 와세다早稻田대 영문과에 유학을 가고, 1923년 3월《개벽》지에 시 3편을 발표하면서 문단에 등단한다. 같은 해 11월에는 양주동 등과 함께《금성》동인지를 발간한다. 이때 그는 학비가 없어서 대학을 중퇴한 상태였다. 이듬해인 1924년 5월 백기만은《금성》에 새로운 동인으로 이장희李章熙(1900~1929)를 추천했는데, 이때 이장희는 유명한 〈봄은 고양이로다〉 등을 발표했다.

독립 이후 백기만은 1949년 1월 5일부터 본격적으로 활동을 개시한 반민족행위 특별조사위원회(약칭 반민특위) 조사위원 역할 수행, 이상화와 이장희의 유고를 모아 1951년 《상화와 고월》을 발간함으로써 두 시인이 남긴 작품들의 멸실을 막고 후세인들의 연구와 감상을 가능하게 한 일, 언론인 및 사회단체 활동 등으로 세상에 기여했다. 하지만 1961년 5·16쿠데타를 일으킨 군사정권은 백기만을 혁신계라는 이유로 검거했고, 그 와중에 뇌졸중을 일으켜 8년이란 긴 세월 동안 병고에 시달리다가 1969년 8월 7일 남산동 719번지 자택에서 향년 68세로 타계하고 말았다. 다음은 백기만 작사, 유재덕 작곡 '대구 시민의 노래' 가사 전문이다.

팔공산 줄기마다 힘이 맺히고
낙동강 굽이돌아 보담아주는
질편한 백리벌은 이름난 복지
그 복판 터를 열어 이룩한 도읍
우리는 명예로운 대구의 시민
들어라 드높으게 희망의 불꽃

지세도 아름답고 역사도 길어
인심이 순후하고 물화도 많다
끝없이 뻗어나간 양양한 모습
삼남의 제일 웅도 나라의 심장
우리는 명예로운 대구의 시민
돌려라 우렁차게 건설의 바퀴

세계에 자랑하던 신라의 문화
온전히 이어받은 우리의 향토
그 문화 새로 한 번 빛이 날 때에
정녕코 온 누리가 찬란하리라
우리는 명예로운 대구의 시민
솟아라 치솟아라 이상의 날개

'대왕산 죽창 항일 의거'에 대해서도 알아보아야 한다. 이 항거와 관련하여 투옥되고 고문을 당했던 최동식, 최태만, 김홍준 지사의 묘소가 신암선열공원에 있기 때문이다. 세 분 모두 1986년에 대통령 표창을 받았고, 1990년에 건국훈장 애족장을 받았다.

대왕산 죽창 항일 의거 유적은 경산시 남산면 사월리 15-1(하남로 275) 도로변의 〈항일 대왕산 죽창 의거 공적비〉와 대왕산 정상의 〈항일 대왕산 죽창 의거 전적지〉 비석이 있다. 사월리 공적비에는 '대왕산 죽창 의거 항일 운동'이라는 제목이 붙어 있다.

일제가 우리 고유 문화와 정신을 말살하고 최후의 발악적인 식민지 정책을 자행하던 1944년 6월 (남산면 청년들은) 민족 차별과 일제 압정을 성토하고 징병·징용을 거부하며 조국 독립을 위해 일제에 항거하기로 결의했다.

본 항일 운동은 남산면 거주 안창률 등 29명의 청년들이 대왕산에서 1944년 7월 25일부터 8월 13일까지 20여 일 이상 죽창으로 일제의 총칼 및 비행기에 대항하면서 대왕산 산정에 돌로 성을 쌓고 막사를 지어 진지를 구축하고 3개 소대와 특공대, 정보연락대 등 결심대決心隊를 편성하여 세 차례에 걸친 격전을 치르던 중 식량 조달차 하산하였다가 전원이 체포되어 경산경찰서에서 50여 일의 고문과 회유에도 굴하지 않았으며, 대구형무소로 수감되어 보안법, 육해공 형법, 폭력행위법, 치안유지법 등의 위반 죄명으로 옥고를 치르다가 8·15광복으로 자유의 몸이 되었으나 안창률, 김경화 지사는 애석하게 옥사했다.

지사들의 높은 기개와 숭고한 애국정신을 높이 찬양하며 후대에 길이 전하고자 경산시와 대구지방보훈청, 광복회 대구경북지부, 대구문화방송 등과 남산면민의 정성을 모아 1995년 5월 31일 제막식을 가졌다.

안내문 아래에는 대왕산에 올라 일제에 저항했던 '대장 안창률, 부대장 김명돌, 1소대장 성상룡, 2소대장 송수답, 3소대장 김위도, 특공대장 최기정, 정보 김인봉, 정보연락 박재천, 박재달, 대원 최만갑, 채찬원, 김경화, 김임방, 최동식, 최태만, 김홍준, 최순한, 배상연, 박혜광, 박영식, 김경룡, 안십팔, 이일수, 조태식, 최외문, 이종태, 채원준, 최덕조, 김특술' 청년 지사들의 명단이 적혀 있다.

이봉로 지사의 활동 부문인 '파리장서巴里長書 사건'에 대해 알아본다. 파리 강화(평화) 회의는 1차 세계대전 승리국들이 모여 전쟁 책임 문제, 영토 조정, 평화 구축 방안 등을 논의하기 위해 열었다. 이 회의는 1920년 1월 16일 국제연맹을 발족하는 것으로 끝을 맺는다.

1919년 곽종석, 송준필, 장석영, 김창숙 등은 성주 백세각에 모여 3·1독립선언에 유림이 불참한 것을 만회하기 위해 한국 독립의 당위성을 주장하는 서한(파리장서)을 파리강화회의에 보내기로 결의한다. 백세각에는 전국에서 내로라하는 선비 137명이 모였다. 그 중 60여 명이 경북 유림이었다.

백세각 경북 성주

김창숙이 서한을 품고 국경을 넘는다. 김창숙은 상해에 도착하여 영문과 한글로 번역한 수 천 통의 서한을 만들어 파리강화회의와 각국 외교기관에 우송한다. 국내 향교 등에도 보냈다. 이 일로 수많은 선비들이 투옥된다.

1924년 김창숙, 김화식, 송영호, 손후익, 이봉로 등의 유림들이 총기와 탄약을 국내에 반입하는 한편 군자금 모금 운동을 벌이다가 일제에 체포되었다. 파리장서에 이어 '경북 제2유림단 사건'이라 불리는 이 일로 중국에서 활동하던 유림들이 대구로 호송되었다. 신암선열공원에 안장되어 있는 이봉로 지사는 그 이후 미결수로 2년간 고생하다가 1927년 3월

29일 이래 징역 2년의 옥고를 치렀다. 지사는 고문 후유증으로 1940년 별세했다.

'신간회'는 1926년 6월 10일 순종의 인산일因山日(장례일)을 계기로 일어난 6·10만세운동에 자극을 받아 민족주의 진영과 사회공산주의 진영이 타협을 통해 민족 유일당 운동을 펼친 결과로 조직되었다. '정치적·경제적 각성을 촉진한다, 단결을 공고히 한다, 기회주의를 일체 부인한다' 등을 행동강령으로 내세웠던 신간회는 일제 강점기의 가장 큰 합법 결사체로서 늘 일제의 주목을 받았다.

신간회는 1928년 말 국내·외에 143개 지회와 3만 회원을 확보할 만큼 성장했다. 일제는 마침내 신간회를 탄압하기 시작했다. 일제는 신간회의 총회를 한 번도 승인해주지 않았다.

신간회는 1929년 11월에 시작된 광주학생항일운동의 진상을 규명하기 위한 조사단을 파견하면서 일제의 학생운동 탄압에 대해 엄중하게 항의했다. 일제는 냉담한 반응을 보였다. 신간회는 '광주 실정 보고 민중대회'를 서울에서 대규모로 열어 일제를 규탄하기로 했다.

대회일은 12월 13일로 잡혔다. 일제 경찰은 민중대회 중지를 요청했다가 신간회가 받아들이지 않자 44명의 간부를 체포했다. 결국 신간회는 1931년 5월 16일 해산되었다. ■

신암선열공원 52분 독립지사의 묘소 번호와 운동별 분류

산남의진 32정상득 39백영촌(백남신) 49임용상(임중호)
105인 사건 22안윤재
3·1운동 10박태현 18백기만 21김언휘 25김삼도 31박재헌 38김충한 41김세영 43박낙현 45김용해 46김태련
파리장서 40이봉로
대종교 13이동하
광복군 1송서룡 2신길우 3김명천 4박영진 7장언조 8장성표 11방봉순 17이승주 30이헌일 42김세용 47강명호
다혁당 12배학보 14최태석
무우원 51현영만
대왕산 죽창 의거 44최태만 48김홍준 50최동식
일본 5김두희 16서달수 20김석용 26김헌술
국내 6박만선 15정동석 17김교훈 23최고 24조기홍 27김성국 29송두환 34김용규 52김점학(김선기)
여성 28이혜경
만주 33허발
무정부주의 9우.해룡 35정명준 36신재모 37방한상

신암선열공원 52분 독립지사의 묘소 배치

제1 묘역: (1)송서룡, (2)신길우, (3)김명천, (4)박영진, (5)김두

희, (6)박만선, (7)장언조, (8)장성표, (51)현영만

　제2 묘역: (9)우해룡, (10)박태현, (11)방봉순, (12)배학보, (13)이동하, (14)최태석

　제3 묘역: (15)정동석, (16)서달수, (17)김교훈, (18)백기만, (19)이승주, (20)김석용, (21)김원휘, (22)안윤재, (23)최고, (24)조기홍, (25)김삼도, (26)김헌술, (27)김성국, (28)이혜경

　제4 묘역: (29)송두환, (30)이헌일, (31)박재헌, (32)정상득, (33)허발, (34)김용규, (35)정명준, (36)신재모, (37)방한상, (38)김충한, (39)백남신(백영촌), (40)이봉로, (41)김세영, (52)김점학(김선기)

　제5 묘역: (42)김세용, (43)박낙현, (44)최태만, (45)김용해, (46)김태련, (47)강명호, (48)김홍준, (49)임중호(임용상), (50)최동식

2묘역	3 묘역	5 묘역
1 묘역	단충사	4 묘역

동구 둔산동 382 금전琴田고택
대한민국임시정부의 경북 일원 군자금을 모은 최종응

동촌K2비행장 뒤편에 있는 산골 마을은 고려 태조 왕건의 군대가 산山 아래에 주둔屯한 이래 둔산동屯山洞이라는 이름을 얻었다. 본래는 옻이 많이 나는 곳이라 하여 옻골마을로 불렸다. 그래서 최종응崔鍾應(1871.8.21.~1944.1.24.) 독립지사의 생가터도 '둔산동 382번지'라는 구주소에서 '옻골로 195-2'라는 도로명 주소로 바뀌었다.

옻골마을에서 가장 유명한 집은 1694년(숙종 20)에 본채가, 1905년(고종 4)에 사랑채가 지어진 국가민속문화유산 백불고택百弗古宅이다. 백불은 주자의 어록 중 '百弗知백불지 百弗能백불능'에서 따온 말로, '모든 것을 알지 못하고, 아무 것에도 능하지 못하다.'라는 뜻이다. 좀 더 줄이면 '항상 겸손하라' 정도로 축약할 수 있겠다.

조선 후기의 대선비 최흥원崔興遠(1705, 숙종 31~1786, 정조 10)의 호가 백불암百弗庵이다. 즉 백불고택이라는 당호堂號(집이름)는 최흥원의 호에서 왔다. 최흥원은 저술된 지 70년이 넘도록 아무에게도 알려지지 못한 채 묻혀 있던 유형원의 《반계수록》을 세상의 명저로 빛을 볼 수 있도록 한 대업적을 남겼다. 그는 《반계수록》을 처음에는 백불고택 사랑채의 동쪽 보본당報本堂에서, 뒤에는 동화사에서 옮겨 썼다. 보본당은 옻골마을에서 두 번째로 유명한 집이다.

세 번째로 유명한 집, 아니 유명해져야 할 집터는 최종응 생가터이다. 생가터에는 훤칠한 얼굴을 뽐내는 한옥 한 채가 복원되어 있다. 집 가운데 대청마루에는 '琴田古宅'이라는 현판도 붙어 있다. 갓 신축된 금전고택을 말 그대로 고택으로 규정하기는 어렵지만 독립운동가의 역사가 서려 있으니 그 이름으로 복원을 해도 무리는 아니다. 건축된 지 몇 년 안 된 비슬산의 '대견사'보다 신라 고찰이 있었던 자리인 '대견사 터'가 더 유명한 것과 마찬가지이다.

금전고택이 당장 백불고택과 보본당처럼 유명세를 떨쳐야 한다고 주장하기는 어렵다. 대구에서 가장 오랜 역사를 지닌 민간 주택과 아직 목재에 먼지도 제대로 묻지 않은 새집을 그냥 견줄 수는 없다. 다만 이 집이 독립운동가 금전琴田 최종응의 고택을 되살린 역사의 현장이라는 사실만은 모두가 알아야겠다.

1871년 8월 21일 이 집에서 최종응이 태어났다. 1920년 최종응은 임시정부 후원금을 모으고 있던 윤철尹喆의 권유를 받고 독립자금 모금 활동을 시작했다. 대한민국임시정부는 그를 경상북도 선정사宣政使로 임명했다. 임시정부는 당시 국내에 지방행정기관을 조직할 계획을 세우고 있었다.

최종응은 도내 부호들에게 독립운동 자금을 납부하라는 '군자금 납부 명령서軍資金納入命令書'를 발송했다. 영천군 금호면 오계리의 조석환曺奭煥, 영천군 청통면 상리동의 손계창孫啓昌, 칠곡군 지천면 금호동의 윤병돈尹炳敦 등이 호응하였다. 최종응은 모급된 돈을 임시정부로 보냈다. (모금에 협조한 이들의 명단을 이곳에 기록하는 것은 그들 역시 독립운동에 크게 한몫을 한 것으로 인정되어야 하고, 역사에 이름이 남아야 한다고 생각하기 때문이다.)

최종응의 활동이 일제에 노출되지 않을 리 없다. 1922년 3월 30일 최종응은 소위 '공갈 및 제령 제 7호' 위반 혐의로 대구지방법원에서 징역 3년형을 언도받아 옥고를 치렀다. 정부는 그에게 1977년 대통령 표창, 1990년 건국훈장 애족장을 추서했다. 참고로 국가보훈부 누리집 '독립운동가 공훈록'의 최종응 부분을 읽어본다.

생몰년도 : 1871.8.21~1944.1.24
출신지 : 대구 달성
운동 계열 : 군자금 모집
훈격(연도) : 애족장(1990)
공적 내용 : 대구 사람이다. 그는 1920년 임시정부 경북 선정사로 임명되어 동지 고정일高政一·윤철·이태훈李泰勳 등과 함께 독립운동 자금 조달 기반을 조성하였으며 동년 9월 경상·충청·전라도 등지를 순방하며 자산가들의 자산 명부를 작성하여 군자금 조달을 위해 노력했다.

1920년 11월에는 조석환 등에게 독립운동 자금을 제공할 것을 요구하여 그들에게 800원을 받아 임정 파견원 고일치高—致에게 전달하였다. 이후 계속해서 군자금 모집을 위해 1921년 2월 경북 칠곡군에 사는 윤병돈 등 경북에 거주하는 부호 수 명에게 2,000원 내지 5,000원을 요구하는 군자금 납입 명령서를 송부하고 윤병돈으로부터 300원을 받아 이태훈에게 전달하였다.

이 일로 인하여 일경에 피체되어 1922년 3월 30일 소위 공갈 및 제령 제7호 위반으로 대구지방법원에서 징역 3년형을 언도받아 옥고를 치렀다. 정부에서는 고인의 공훈을 기리어 1990년에 건국훈장 애족장(1977년 대통령 표창)을 추서하였다.

옻골마을에 왔으니 백불고택, 보본당, 두 집 사이에 설립되어 있는 가묘家廟(집 안에 있는 사당), 최흥원이 제자들을 가르쳤던 수구당數咎堂, 최흥원의 아들 최주진崔周鎭을 기려 1910년에 세워진 동계정東溪亭 등을 두루 둘러본다.

수구당과 동계정도 문화유산자료로 등재된 문화유산이다. 마을 안 골목길을 양옆에서 꾸며주고 있는 집집마다의 담장들도 등록문화유산으로 지정된 문화유산이다. 36세이던 1740년에 부인과 사별한 뒤 세상을 떠나는 1786년까지 46년 동안 재혼도 하지 않고 첩도 두지 않았던 대선비 최흥원의 인생만큼이나 고운 담장이 사뭇 눈길을 사로잡는다.

돌아오는 길에 '최흥원 정려'를 본다. 마을 안으로 들어설 때는 무심히 지나쳤던 정려다. 선비나 충신으로서가 아니라 '효자' 최흥원을 기려 1789년(정조 13) 조정에서 세웠다. 최종응도 어릴 때 이 정려를 보며 자랐을 것이다.

안동농림 학생 의거지, '위안부' 수용소 추정지

대구 비행장은 일제 말기이던 1944년 일본군 전투비행단 주둔지였다. 1943년 8월 서정인徐正寅 등 안동농림학교 학생들은 방학 중인데도 강제로 비행장 확장 공사에 동원됐다. 학생들은 공사장에서 항일 비밀결사 대한독립회복연구단을 결성했다. 공사장에서 일하던 일반 노동자들도 가세했다. 이들은 안동 시내의 일본 기관 및 요인들을 소위 '일본 육군 기념일'인 1945년 3월 10일에 습격하기로 결의하고 준비에 들어갔다. 하지만 사전에 탄로나 모두 투옥되었다. 이들은 1945년 8월 16일 출옥했다. (비행장은 일반인이 출입할 수 없으므로 답사는 불가능하다.)

일제는 비행단 인근에 조선 여인들을 가두어 놓고 '위안부'로 유린했다. 동부경찰서 동촌지구대 옆 건물이 강제 수용소였다고 당시 노인들은 증언한다. 다만 아직 공인된 상태가 아닐뿐더러 개인 건물이므로 임의로 출입할 수는 없다. ■

동구 효동로2길 94 조양회관, 이경희 공적비
달성 앞에서 옮겨져 한적한 곳에 없는 듯 앉아 있네

　임진왜란 당시 하늘天이 내려준降 장군이라 하여 '천강天降 장군'이라 불렸고, 늘 붉은紅 옷衣을 입고 다녀 '홍의紅衣장군'이라는 별명도 얻었던 의병장 곽재우의 호는 망우당忘憂堂이다. 경북 영천에서 발원하여 경산 하양을 거쳐 대구 동구 반야월 일원으로 흘러들어왔다가 다시 팔달교 아래를 지나 강창에서 낙동강과 만나는 금호강 물가의 효목동 1234-2번지 언덕 위에 '망우당 공원'이 조성되어 있다. 당연히 이곳에는 곽재우 장군의 동상, 임진왜란 당시 영남 지역 의병들의 활동과 7년 전쟁사를 여러 게시물을 통해 일목요연하게 설명해 주는 '임란 의병관', 영남 지역 임진왜란 호국 영령 315분의 위패가 모셔진 '임란 호국 영남 충의단' 등이 있다.
　임진왜란이 일어난 때는 1592년이다. 7년 동안이나 이어진 이 국제 전쟁은 우리나라를 온통 쑥대밭으로 만들었다. 임란의병관은 게시물 〈피해와 반성〉을 통해 '임진왜란은 조선과 일본, 명에 커다란 변화를 초래했고, 급격한 동아시아의 정세 변화를 가져왔다. 가장 큰 피해는 조선에 있었다. 조선은 계속되는 전란으로 농지 면적의 2/3 이상이 황폐화되어 농민의 생활이 어려워지고 국가 재정도 고갈되었다. 많은 사상자로 인구가 줄고 가옥과 재산의 손실도 막대하였다. 민심도 흉흉해져 이몽학의 난과 같은 반란도 일어났다.'라고 규정하고 있다.

그러나 '반성'은 없었다. 임진왜란이 끝난 1598년으로부터 312년 뒤인 1910년 우리나라는 일본의 식민지가 되었다. 임진왜란은 2차 전쟁인 정유재란까지 합해서 7년이었지만 이번에는 35년 동안이나 굴욕과 수탈의 삶을 살아야했다. 반만년 유구한 우리 국사에서 가장 치욕스러운 시간이었고, 더이상 모욕적일 수 없는 민족의 수치였다.

1922년 달성 앞에 세워졌던 조양회관이 1982년 임진왜란의 역사를 기억하고 반성하는 공간인 망우당공원 안으로 옮겨졌다. 1910년의 망국을 되새김하게 이끌어주는 조양회관을 이건할 장소로는 역시 임진왜란의 학습 장소인 망우당공원이 가장 적당했던 것인가! 조양朝陽회관 네 글자가 본래 조朝선의 빛陽을 보겠다는 독립 염원을 담은 이름이었고, 그 이름답게 조양회관은 대구 청년들이 함께 민족의식을 키워가는 만남과 교육의 장이었기에 하는 말이다.

조양회관은 이곳으로 옮겨진 뒤 주로 '광복회관'으로 알려져 있다. 광복회 대구지부가 사용하는 건물로 인식되고 있는 셈이다. 대구 유일의 이전·복원 건물이라는 의의를 지닌 등록문화유산이고, 독립문을 연상하도록 설계된 정문 입구에 걸린 현판도 여전히 '**朝陽會館**'이지만, 그래도 조양회관은 본래 자리도 잃고 이름도 사실상 잃어버렸다. 그런 점에서 문득 김광섭의 〈성북동 비둘기〉가 떠오른다.

성북동 산에 번지가 새로 생기면서
본래 살던 성북동 비둘기만이 번지가
없어졌다
새벽부터 돌 깨는 산울림에 떨다가
가슴에 금이 갔다
그래도 성북동 비둘기는 하느님의
광장 같은
새파란 아침 하늘에 성북동 주민에게
축복의 메시지나 전하듯
성북동 하늘을 한 바퀴 휘 돈다.
성북동 메마른 골짜기에는
조용히 앉아 콩알 하나 찍어 먹을
널찍한 마당은커녕 가는 데마다
채석장 포성이 메아리쳐서
피난하듯 지붕에 올라앉아
아침 구공탄 굴뚝 연기에서 향수를
느끼다가
산 1번지 채석장에 도로 가서
금방 따낸 돌 온기에 닦는다

예전에는 사람을 성자처럼 보고
사람 가까이
사람과 같이 사랑하고
사람과 같이 평화를 즐기던
이제 산도 잃고 사람도 잃고
사랑과 평화의 사상까지
낳지 못하는 쫓기는 새가 되었다.

광복회관 앞 서상일 좌상

조양회관이 본래 자리에. 본래 모습으로 고이 남아 있으면 얼마나 좋을까! 건물 앞에 좌상으로 앉아계시는 동암東庵 서상일徐相日(1887~1961) 지사께서 마치 한탄처럼 속삭이는 듯하다.

서상일은 대구 대표 독립지사 중 한 사람이다. 1887년 7월 9일 태어난 동암은 22세이던 1909년 안희제, 김동삼, 윤병호 등과 함께 무장 항일 투쟁 단체인 대동청년단을 결성하여 독립운동을 시작한다. 1910년 보성전문학교(현 고려대) 법과를 졸업할 때에는 한일합방에 항의하여 9인 결사대를 조직, 서울 주재 9개국 공사관에 독립선언문을 배포한다. 1917년 만주 등지에서 독립운동을 하던 동암은 귀국하여 3.1운동에 참여했다가 '내란죄'로 서대문형무소에 투옥된다.

감옥에서 출소 후 동암은 인재 양성과 국민의식 진작이 민족의 진정한 독립을 회복하는 길이라고 인식, 고향인 대구로 내려온다. '의식분자들의 결집이 절대로 필요함을 생각하고 있던' 동암은 '조양회관을 건립하여 주로 의식분자들의 결집과 계몽 사업에 전력을 기울였다(1957년 8월 발표 <험난할 망정 영광스런 먼 길>의 표현).'

많은 인사들이 조양회관 건립에 동참하기로 되어 있었지만[54] 일제의 방해로 실천에까지 이어지지 못했다. 독립지사 백남채白南採만이 벽돌을 제공했다. 서상일은 거의 혼자 재정을 부담하여 (달성공원 앞 옛 원화여고 자리에) 대지 500평, 건평 138평의 2층 건물 '조양朝陽회관'을 지었다. 압록강에서 가져온 낙엽송 통나무를 사용하여 목조 부분을 지었고, 바닥도 그 나무로 깔았다.

외관은 붉은 벽돌로 장식했는데 한국인 건축가 윤학기가

---

54) 1928년에 제작된 <대구 조양회관 개요>의 '연혁'에 '서력(서기) 1921년 봄에 몇 명의 동지가 서로 만나 대구구락부 기성회를 조직하고 부관部館(조양회관) 건축의 회의를 진행할 때 당시 이에 상응하는 동지는 만강滿腔의(가득한) 성의를 다하여 각자 부관이 이루어지기를 기약하면서 의연금을 변출辨出하고(나누어 내고) 회會(대구구락부 기성회)의 진행을 위하여 사신捨身(몸을 던져) 노력함에 있어 회의 기운은 자못 왕성하다.'라는 표현이 실려 있다.

설계, 백남채가 공사 감독을 맡았고, 중국인 기술자를 초빙해서 일을 시켰다. 창문의 둘레는 화강암으로 정착시켰다. 웅장한 천장에 통나무 대들보가 걸쳐져 있고 기둥이 없는 점은 조양회관의 특징 중 한 가지였다. 서상일은 이 목조 건물에 '아침朝에 해陽가 가장 먼저 비치는 집'이라는 뜻의 이름을 붙였다. 은근히 민족의식을 드러내었던 것이다.

동암은 조양회관을 대구 청년들의 정신적 구심지로 만든다. 1,000명을 수용할 수 있는 대강당만이 아니라 회의실, 사무실, 인쇄공장, 사진부에 오락실까지 갖춘 조양회관에서는 시국, 국산품 애용, 상공업 진흥 등에 관한 강연회가 줄을 이었고, 밤에는 청소년들을 대상으로 야학을 실시했다. 〈농촌〉이라는 잡지도 발간했다.

서상돈 좌상이 왼쪽에 보이는 조양회관

일제는 조양회관을 모질게 탄압했다. 결국 조양회관은 1930년대 후반 들어 대구 부립(시립) 도서관으로 사용되었고, 심지어 태평양전쟁 막바지에는 일본 보급 부대가 주둔했다. 해방 직후 서상일이 정치 활동을 하자 한민당 사무실로도 쓰였고, 6.25전쟁 때는 군대의 병영이 되기도 했다.

조양회관이 다시 조양회관으로 제 면모를 찾게 되는 때는 1954년이다. 하지만 그것도 얼마 가지 못했다. 이듬해인 1955년에 원화여자고등학교가 설립되면서 학교 교무실로 변했다. 그 후 1980년 학교 부지가 건설회사에 넘어감으로써 조양회관은 끝내 헐리는 운명을 맞았다. 해체되었던 건물은 1984년 지금 자리에 복건되었다.

3.1운동 때 투옥되었던 서상일은 1929년 10월 18일 장진홍 의사의 조선은행 폭파 사건 가담 혐의로 재차 구속된다. 해방 후에도 서상일의 생애는 순탄하지 않았다. 1948년 5월 10일 실시된 제헌 국회의원 선거에서 당선되지만 이승만 독재에 항의하다 또 구속되었다. 일제 강점기 때에도 해방 이후에도 구속되기는 마찬가지였다. 그뿐이 아니다. 1961년 5.16 직후에도 군사정부에 의해 기소되었다. 마침내 서상일은 재판이 계류된 상태에서 1962년 4월 18일 세상을 떠났다. ■

광복회관 앞에는 서상일 지사의 좌상 외에 또 하나의 조각 작품이 있다. 이경희(1880.6.1.~1949.12.4.) 지사를 기려 세워진 '愛國志士애국지사 池吾지오 李慶熙이경희 功績碑공적비'가 바로 그것이다. 서상일 흉상은 광복회관 앞뜰에 있고, 이경희 공적비는 망우당공원 관리사무소 앞 주차장에서 광복회관으로 들어가는 진입로 중간쯤에 있다.

이경희 지사는 1880년 6월 1일 '경북 달성군 공산면 무태리(현 대구광역시 북구 서변동)'에서 출생했다. 그는 임진왜란 당시 대구 전역의 합동 의병 부대인 공산의진군公山義陣軍 3대 의병대장 이주李輈(1556~1604)의 11대손이다. 이 말을 하는 것은 인천 이씨 집안이 사회 지도층으로서 그 책무를 다해왔다는 사실을 상찬하기 위해서다. 외적이 침입해 왔을 때는 사재를 털어 의병을 일으키고, 나라가 망했을 때는 목숨을 걸고 독립투사로 활약을 했으니 그만하면 누군들 준거인물로 숭앙하지 않겠는가!

교남교육회, 달성친목회 등 계몽운동 단체에 가입하여 활동하고, 광문사가 국채보상운동을 일으키기 직전인 1906년에 설립한 사립 협성학교 교사를 지내던 이경희는 1910년 경술국치 이후 신민회(38, 73쪽 참조)의 서간도 독립운동 기지 건설에 참여함으로써 본격적으로 독립운동에 뛰어든다.

신민회의 신흥무관학교 설립, 펑톈奉天(현재 심양瀋陽) 달신학교 교사 등으로 활동하던 이경희는 1919년 3·1운동 이후 서울로 돌아와 조선노동공제회, 단연동맹회 등에 가입한다.

특히 그는 1923년 의열단의 제 2차 암살 파괴 계획(일명 황옥黃鈺 사건)에 참여한다(의열단 가입은 1922년). 최수봉崔壽鳳(24세)이 경찰서장을 암살할 목적으로 밀양경찰서에 폭탄을 투척한 1920년 12월 27일 사건 관련 혐의로 징역 1년을 치르고 나온 김시현金始顯은 의열단 단장 김원봉金元鳳, 고문 장건상張建相 등과 협의하여 대규모 암살 파괴 계획을 세운다. 1922년 7월 서울로 잠입한 김시현은 경기도 경찰부 고등과 경부이면서 고려공산당 비밀당원(사실 여부는 논란이 있음)인 황옥과 만나 거사를 준비한다. 하지만 정보가 누설되어 관련자 25명 중 18명이 체포된다.

이때 이경희도 1923년 8월 21일 경성지방법원에서 징역 1년을 선고받고 서대문형무소에서 옥고를 치른다. 1924년 5월 25일 만기 출옥한 이경희는 1927년 9월 3일 신간회(79쪽) 대구지회 창립대회에서 회장으로 선출된다. 창립 준비 모임은 교남YMCA회관에서, 창립대회는 조양회관에서 진행되었다. 신암선열공원에 안장되어 있는 송두환 지사도 이 창립대회에서 서무부 총무간사로 선출되었다(82쪽).

일제의 창씨개명 강요를 끝까지 거부했던 이경희는 해방 직후 미 군정 하에서 경상북도 부지사, 초대 대구 부윤(시장) 등을 역임했다. 1949년 7월에는 남선경제신문(현 매일신문의 전신) 사장으로 취임하기도 했다. 하지만 그해 12월 4일 70세의 나이로 타계했다.

지사는 대구시 북구 동변로24길 138-2 인천 이씨 재실 영사재에서 산 속으로 300m가량 길을 따라 올라간 기슭에 안장되었다. 빗돌에는 '義士의사 池吾지오 先生선생 仁川인천 李公이공之墓지묘'라는 글자가 새겨져 있다. 지사의 호 '야오'는 '나라를 잃어버린 나는 어리석은 놈'이라는 의미를 담고 있다고 한다. 그만큼 그는 뼛속까지 철저한 독립운동가였다.

애국지사 지오 이경희 공적비

[광복회관 내부 관람] 문화재청은 광복회관의 등록문화유산 표지판에 '효목동 조양회관'이라 밝혀두었다. 본래 달성 앞에 있던 조양회관을 허물어서 이곳에 복원해 놓았으니 '달성 조양회관'이라 부를 수는 없는 까닭이다.

건물 내부는 광복회 대구지부가 관리하는 곳다운 면모를 보여준다. 다양한 볼거리들이 전시되어 있어 꼼꼼한 관람자라면 상당한 시간을 들여 살펴보아야 한다. 물론 독립운동 관련 내용들이므로 누구나 성심을 가지고 자료들을 보아야 마땅하다. 다만 필자가 그 자료들을 모두 이 책에 실을 수는 없으므로, 게시되어 있는 수많은 자료들 중 일부의 제목을 선보임으로써 독자들의 마음에 "한번 가봐야지!" 싶은 생각이 일어나도록 하려 한다.

 * 차마 눈 뜨고 볼 수 없는 처참한 현장. 작두로 목을 자르고 있다.
 * 일제는 처형 뒤 사진을 공개, 시민 궐기에 제동을 거는 심리전을 폈다.
 * 서울 동대문 밖 만세 시위 처형자의 유기 장소에 유족들이 시체를 찾기 위해 몰려들고 있다.
 * 전국 곳곳에서 자행된 애국지사들의 순국 현장
 * 1905년 1월 1일 경부선 철도가 개통된 지 이틀 후인 1월 3일, 일본군은 한국인 3명을 철도 파괴 음모의 누명을 씌워 공개 처형했다.

* 순국 5분 전 한복 차림의 안중근 의사

* 3월 24일 순국 이틀 전에 두 아우를 만나 "국권이 회복되거든 내 뼈를 조국에 묻어다오. 나는 천국에 가서도 국권 회복을 위해 힘쓸 것이다." 하고 당부하는 안중근 의사

* 일경은 전국 각지에서 기병한 의병들을 무참히 살육하는 만행을 저질렀는데 재판도 없이 현지에서 체포 즉시 이렇게 목을 매어 죽였다.

* 마지막까지 독립만세를 외치며 죽어간 애국지사들

* 우리나라에서 가장 오래된 태극기, 1890년 고종이 외교 고문 데니Denny에게 하사한 것

* 파고다 공원에서 독립선언이 있었다는 소식은 서울 시민들을 흥분의 도가니로 만들었다.

* 백주에 종로 경찰서에 폭탄을 던진 김상옥 의사

* 64세 고령으로 사토 총독에게 투탄을 한 강우규 의사

* 이완용을 저격한 이재명 의사와 두 동지 김병헌 의사와 김이걸 의사

* 2·8독립선언이 있었던 동경 조선기독교청년회 현관

* 친일 외교관 스티븐스를 총살한 장인환, 전명운 의사

* 1916년, 태극기를 가슴에 안고 조국의 광복을 기원하는 재 하와이 여성 교포들의 애틋한 모습

* 해방 후 일본 병고현 대구보 형무소에서 뒤늦게 출옥한 한국인의 참상

* 민족 대표 독립선언- 중년 시절의 손병희 선생, 만해 한용운 선생

* 미주 한인 항일 군사훈련의 선구자 박용만 선생
　　* 옥중의 유관순
　　* 경복궁 광화문 앞 훈련원에서 사격 훈련 중인 병사들
　　* 3·1운동 이후 태극기를 들고 가두 행진을 하는 미주 교포들
　　* 1914년 6월 10일 하와이의 한국독립 국민군단
　　* 국민군단의 군사훈련 광경
　　* 국민군단의 열병식
　　* 미국 워싱턴 D.C.에 있는 한국 공사관, 등등.

[광복회관 바깥 관람]
항일독립운동기념탑
서상일 동상
이경희 공적비

항일 독립운동 기념탑 (2006년 6월 15일 건립)
　* 건립 목적 : 1895년~1945년 광복될 때까지 향토 출신 구국 지사들이 신명을 바친 독립운동의 여정을 헤아리면서 선열들의 높은 뜻을 추모하고 그 유지를 계승 발전시켜 나아갈 상징으로 기념탑을 우뚝 세움으로써 다시는 이 땅에 외세의 침범을 불허하고 선진 조국 건설의 원동력이 되는 민족정기를 자라나는 후세대의 의식 속에 심어주어 민족의 자주독립 정신을 함양하는 데 그 목적이 있다.
　* 탑신의 상징과 의미 : 1. 방향 : 일본을 향해 준엄한 경고

2. 다이아몬드 형상 - 강인한 정신, 불굴의 독립정신, 어둠 속에서의 광채

3. 요철 십자형상 - 독립정신을 사해에 고하고, 세계 정세를 파악 대비함

4. 원형 기단 - 지구의 중심에 민족 정기가 서려 있음

5. 명각대 - 지역의 독립유공 서훈자 2천여 명 음각

6. 조명등 - 사방에서 독립정신을 우러러보는 형상

7. 낙락장송 - 모진 고난 속에서도 꿋꿋이 이겨낸 독립운동 상징 / 이상, 소형 홍보물 〈광복회 대구광역시지부〉 게재 내용

수성구 동원로1길 94 우강 송종익 선생상
광문회 회원으로 출발, 미국에서 독립운동

우강 송종익 선생상
(대구 흥사단 앞)

대구 수성구 범어동 222-8 흥사단 회관 앞에 우강友江 송종익宋鍾翊 흉상이 있다. 이 건물 2층에는 '우강헌友江軒'이라는 이름의 송종익 전시 공간도 별도로 마련되어 있다. 이는 송종익이 1913년 안창호가 미국 샌프란시스코에서 창립한 민족운동체 흥사단의 주요 활동가이고, 대구 출신의 역사적 인물이라는 사실을 상기하게 해준다.

흥사단 창립시 경상도 지부장을 역임한 송종익은 1886년 대구에서 태어나 1956년 미국 로스앤젤레스에서 세상을 떠났다. 대구에 머물 때는 1907년에 결성된 대동 광문회大東廣文會[55]에 가입하여 활동했고, 그 후로는

---

55) 광문회에는 1910년 최남선 등이 고문헌의 보존과 간행 등을 목표로 설립한 '조선 광문회光文會'와 1907년 대구에서 창립된

주로 미국에서 독립 운동에 매진했다.

송종익의 초기 활동 중에는 일제 통감부의 외교 고문으로서 자기 나라인 미국으로 돌아간 뒤에도 '일본이 한국을 지배하는 것은 한국에도 매우 이롭다' 등의 망언을 일삼아 우리나라 사람들의 공분을 샀던 스티븐스 Stevens를 1908년 전명운, 장인환 두 지사가 샌프란시스코까지 찾아가 사살했을 때 재판 후원 재무로 선임되어 활동한 일이 손가락에 꼽힌다.

스티븐스를 사살한 장인환·전명운 지사

그 이후에도 송종익은 '1945년 광복 때까지 미주 지역에서 한인 사회의 안녕과 권익 보호를 위해 활약하였고, 다사다난했던 시절에 흥사단, 대한인국민회, 재미 한족 연합 위원회에서 주로 재정을 담당하면서 살림을 도맡아 하였다. 또한 대한인국민회 재무를 맡아 임시정부에 송금하는 역할을 하였다. 해방 후 로스앤젤레스에 거주하면서 한인 사회를 위해

애국 계몽 단체 '대동 광문회廣文會'가 유명하다. 흔히 '대구 광문회'라 부르는 대동광문회는 금연으로 국채를 갚자는 '국채 보상 운동'을 선도한 단체로 널리 알려져 있다.

일하다가 1956년 1월 7일 신병으로 별세했다. 1995년 8월 건국훈장 독립장을 추서 받았으며, 1996년 10월 대전 국립묘지 애국지사 묘역에 안장되었다(<국채보상운동 111주년 기념 전시회> 안내 책자의 표현).' 좀 더 자세한 공적을 알아보기 위해 국가보훈처 공훈록을 읽어본다.

　공적 내용 : 대구 사람이다. 1906년 4월 유학을 목적으로 도미하여 샌프란시스코를 중심으로 결성된 민족운동단체인 공립협회共立協會에 가입하여 민족운동에 진력하였다.
　그러던 중 1908년 3월 대한제국 외교 고문인 스티븐스가 샌프란시스코에 와서 일제의 한국침략을 정당화하는 발언을 신문지상을 통해 발표하고 대동보국회와 공립협회의 회원인 장인환·전명운 의사가 스티븐스를 처단하자, 양 의사의 재판후원회를 결성하고 재무로 임명되어 양 의사의 재판 후원 및 후원경비 조달, 변호사 교섭 등을 담당하면서 공판 과정을 '독립 재판獨立裁判'으로 전개하는 등 재판과정을 통해 한국인의 독립의지를 구미 각국에 널리 인식시켰다.
　1913년 5월 샌프란시스코에서 민족 장래에 동량이 될 인재 양성을 위해 홍언 등 8명의 창립발기위원과 함께 흥사단興士團을 창립하는 한편, 후일 흥사단 이사부장을 역임하였다. 1917년 1월 안창호와 함께 북미실업주식회사北美實業株式會社를 조직하고 주금株金 9만 5천 달러를 모집하여 쌀농사를 지어 군자금을 마련하고자 하였으나 실패를 거듭

한 끝에 1927년 문을 닫고 말았다. 또한 1932년 1월 재차 흥업회사興業會社를 조직하여 재원 확보에 노력하였으나 이 또한 실패하고 말았다.

1919년 3월 대한인국민회大韓人國民會 재무로 활동하면서 대한민국임시정부 설립에 필요한 자금을 모집·송금하는 한편, 1936년 5월 분열된 북미지역 한인민족 운동단체의 부흥을 위해 소집된 각 지방 대표자회의에 참석한 그는 각 단체를 통합해 북미 대한인국민회를 재조직하는 한편, 미주 한인 사회의 부흥과 항일운동, 임시정부의 재정 후원을 도모하였다. 또한 회의 면모를 일신하기 위해 추진된 대한인국민회 총회관 건축위원으로 선정되어 1938년 4월 총회관을 낙성하는 데 헌신하였다.

1939년 중국의 한인 독립운동 단체인 광복진선光復陣線과 민족전선民族戰線이 하나로 통합되고 중·일中日 간의 전쟁이 고조되자, 그를 비롯한 북미 대한인국민회 임원들은 1940년 9월 미주와 하와이 각 단체 대표자들에게 연석회의를 개최하여 시국 대책을 강구할 것을 제의하였다. 이에 따라 1941년 4월 20일 하와이 호놀룰루에서 미국 내 각 한인 단체 대표들이 모여 해외한족대회海外韓族大會를 개최했다.

한시대 등과 함께 북미 대한인국민회 대표로 참석한 그는 동 대회의 선언문과 해외한족대회 결의안을 작성하여 독립전선 통일문제, 대한민국임시정부의 봉대奉戴(받들어 모심) 문제, 대미 외교기관의 설치 문제, 군사운동에 관한 문제, 미국 국방공작 후원문제, 연합기관 설치 문제 등을 결의하였다.

  이 결의에 따라 동년 8월 미주 모든 단체들을 통합한 재미한족연합위원회在美韓族聯合委員會가 조직되고 로스앤젤레스에 재미한족연합위원회 집행부가 설치되자, 집행부 위원으로 선임된 그는 대한민국임시정부의 후원과 외교 및 선전사업을 추진하였다. 또한 1941년에는 대한인국민회 부의장, 1943년 재미한족연합위원회 집행부 위원 겸 재무로 선임되어 활동하기도 하였다.

  1943년 9월 이승만 계열의 동지회가 재미한족연합위원회를 탈퇴한 후 1944년 6월 독자적으로 외교위원부를 설치하여 활동하자 재미한족연합위원회도 별도의 외교사무소를 개설하고 외교 사무를 전개하였다. 이와 같은 사태에 대해 대한민국임시정부에서 동년 8월 외교위원부를 새롭게 개조할 것을 명령하자, 그 해 10월 로스앤젤레스에서 미국과 하와이의 17개 단체 중 동지회 계열의 4개 단체를 제외한 13개 한인단체가 대표회를 개최하였다.

  이 대회에 대표원으로 참석한 그는 개조된 주미 외교위원부의 외교위원으로 선출되어 조국의 독립을 위한 외교활동을 전개하였다. 1945년 조국이 광복되자, 그 해 10월 조국의 재건을 후원할 목적으로 구성된 재미 한족 국내파견 대표단在美韓族國內派遣代表團의 재무로 선임되어 고국을 떠나온 지 40여년 만에 조국의 땅을 밟았으나, 당시 해방 정국의 혼란으로 인해 별다른 활동을 보이지 못하고 8개월 만에 미국으로 돌아갔다. 정부에서는 고인의 공훈을 기리어

1995년에 건국훈장 독립장을 추서하였다.

    흥사단 건물 내 우강헌을 둘러보고 나와 다시 송종익 지사의 흉상 앞에 선다. '고국을 떠나온 지 40여년 만에 조국의 땅을 밟았으나, 당시 해방 정국의 혼란으로 인해 별다른 활동을 보이지 못하고 8개월 만에 미국으로 돌아갔다.'라는 국가보훈처 공훈록의 내용이 재삼 가슴 아프게 느껴진다. 40여년 만에 귀국했건만 왜 해방 정국은 그토록 혼란해서 생애를 바친 독립지사를 나라 안에 받아들이지 못했던 것일까!
    흉상 앞에서 서서, 미국으로 돌아가는 시각에 그의 마음을 지배했을 허망함을 되새겨본다. 독립지사의 후대 사람들인 우리는 앞으로 통일을 이루고, 터무니없는 지역감정을 해소하여 선열들이 그렸던 나라를 세워야 할 것이다. 그때면 송종익 지사는 영혼으로나마 이 땅을 다시 찾으리라. ■

수성구 수성동1가 642 수령 350년 느티나무
벼락에 맞아죽은 일본군 병사 이야기

　수성구 신천동로62길 17 신세계유치원 옆에 수령 350년 느티나무가 위용을 뽐내며 서 있다. 나무 높이는 15m, 둘레는 4.5m로, 1982년 10월 30일에 보호수로 지정되었다. 나무 앞 안내판에 '나무 이야기'라는 제목의 글이 적혀 있다. 문장이 이상하지만 있는 그대로 소개해 본다.

　'나무 이야기' : 일제 강점기 훈련 중이던 일본군 병사가 나무둥치를 차고 가지를 꺾어 나무에 해를 가하고 있자 마을 노인이 해를 가하면 벌을 받는다고 하는 것에 그런 미신이 어디 있냐며 나무 아래에 있던 보리더미에 불을 질렀다. 그러자 나무는 타지 않고 갑자기 벼락이 내려 그 병사가 죽었다는 설화가 있다.

수성구 범안로 120 서상돈 묘소
너무나 초라한 서상돈의 무덤, 마음이 뭉클해지네

1904~5년 러일전쟁 승리와 1905년 을사늑약 등으로 한반도의 정치적. 군사적 지배권을 장악한 일본은 한국을 경제적 식민지로 만들기 위해 차관을 강요했다. 결코 한국의 경제 발전을 위한 차관이 아니었다. 일본은 한반도에 식민지를 건설하는 데 소요되는 경비를 모두 한국 정부에 부담시켰고, 차관은 그 수단이었다.

1907년 2월 21일 대구 광문사의 사장 김광제金光濟(1866.7.1.~19 20.7.24.)와 부사장 서상돈徐相敦(1850.10.17.~1913.6.30.) 등이 국채보상운동을 본격화했다. 이 무렵 우리나라가 일본에 진 빚은 1,300만 원이었다. 그것이 1910년에는 4,400만 원을 훌쩍 넘어섰다. 1907년의 1,300만 원은 당시 우리나라의 1년 예산에 해당되는 금액이었다. 국가의 1년 예산과 견줘보는 것은 1,300만 원과 4,400만 원이 어느 정도 규모의 부채인지를 쉽게 가늠할 수 있는 좋은 잣대가 되기 때문이다.

금연을 해서 모은 돈으로 나라빚을 갚자는 국채보상운동이 시작되자 호응이 뜨거웠다. 일제는 언론 중 가장 적극적으로 이 운동을 이끌어간 대한매일신보의 양기탁을 모금한

돈을 횡령했다고 누명을 씌워 1908년 7월 21일 구속했다. 양기탁은 9월 29일 무죄로 석방되지만 그 사이 국채보상운동은 활기를 잃고 시들어버렸다. 일제의 간교한 술책이 마침내 성공을 거두었던 것이다.

서상돈의 묘소는 수성구 범안로 120, 즉 범물동 산227-1의 천주교 묘역 안에 있다. 본래 달성군에 있었는데 1974년 이곳으로 이장되었다. 서상돈 가문이 대구에서 손가락에 꼽힌 부호 집안이라는 사실을 감안할 때 이곳의 서상돈 유택은 간소하다 못해 초라하게 느껴진다. 그 탓에, 바라보노라면 저절로 마음이 뭉클해진다. 홍의장군 곽재우가 '나라가 이 모양인데 무슨 낯으로 묘를 크게 쓴단 말이냐? 봉분도 하지 말라.'는 뜻의 유언을 남겨 그의 묘소가 지금도 납작한 모습으로 남아 있다는 이야기가 문득 떠오른다.

국채보상운동에 대해 알아보려면 중구 공평로10길 25의 '국채보상운동 기념관'을 찾아야 한다. 그 외 국채보상운동기념관을 품에 안고 있는 국채보상공원 내의 여러 조형물들, 국채보상운동 최초 논의 장소인 북성로 19-1의 광문사 터, 달구벌대로 2051 서상돈 고택, 국채보상운동 첫 모금 장소인 태평로 141 북후정 터(대구시민회관)의 기념비, 부인들의 패물 모집 장소인 진골목 등 국채보상운동과 관련해서는 둘러볼 곳도 많다. 국채보상운동 기록물이 유네스코 세계기록유산으로 등재되었을 정도이니 당연한 일이다.■

아버지와 아들

일제 강점기 때에 조선인이 오를 수 있는 가장 높은 관직은 중추원 부의장(현재의 국회 부의장 정도)이었다. 중추원은 조선총독부의 자문기관으로, 일제에 충성스러운 종으로 활동한 친일파들에게는 그곳의 참의(현재의 국회의원 정도)로 임명되는 것이 최고의 명예였다. 중앙정부의 불허 방침에도 아랑곳없이 1906~7년 일본인 상인들의 이익을 위해 대구읍성을 마구 부숴버린 박중양은 중추원 부의장 자리를 차지했다. 대구 출신 중에는 서병조, 권중식, 김낙헌, 김재환, 서병주, 서상훈, 신현구, 이병학, 이창우, 장직상, 정교원, 정재학, 정해붕, 진희규 등 자산가와 고위 관료 출신들이 중추원 참의에 임명되었다(대구경북역사연구회 《역사 속의 대구, 대구 사람들》).

이들 중 서병조는 서상돈의 차남이다. 아버지 서상돈은 민족문제연구소 《친일인명사전》에 오르지 않았지만 아들 서병조는 당당히(?) 이름을 올렸다. 그는 '아버지가 죽은 후 물려받은 재산으로 경상농공은행, 대동무역주식회사, 조양무진주식회사, 대구제사주식회사, 경북무진주식회사 등을 설립하거나 중역을 역임했던 대표적인 자본가'로서 '일본인과 조선인 자본가로 구성된 대구상업회의소와 대구상공회의소의 특별회원이었으며, 일제의 지방행정기관의 자문기구였던 대구부 협의회 회원과 경북도회 의원을 역임하기도 했다. 또한 일제의 관변단체인 명치신궁봉찬회 조선지부 경북위원, 제국 재향군인회 부회장 등을 역임하였다. (《역사 속의 대구, 대구 사람들》)'

수성못, 수성구 용학로 58 뒤 수기임태랑 묘
'빼앗긴 들'에 남은 일본인 '개척 농민'의 무덤

흔히 평야 지대인 전라도 일원이 아닐까 여기지만, 국내에서 호수가 가장 많은 곳은 경북이다. 전국 1만7,505개 호수의 32%인 5,547개가 경북에 있다. 물론 물가에서 놀았던 공룡의 발자국 화석도 전국 약 100여 곳 중 절반이 경북에 있다. 이는 공룡이 많이 살았던 1억4500만~6500만 년 전 대구·경북이 땅이 아니라 거대 호수였기 때문이다.

대구에 있던 큰 호수 중 북구 배자못, 남구 영선못, 달서구 감삼못, 서구 날뫼못, 수성구 범어못 등이 도시 확장과 현대화 바람에 밀려 1970~80년대에 모두 매몰됐다. 달서구의 성당못과 수성구의 수성못만 없어지지 않고 지금도 남아 있다. 그러나 그 둘 중 성당못은 전체 면적의 70%가량이 매립된 탓에 사실은 잔해만 남았다고 해도 과언이 아니다.

그에 견주면 수성못은 처음보다 커졌고, 지금도 온전한 풍광을 유지한 채 시민들의 사랑을 듬뿍 받고 있다는 점에서 다른 못들과는 사정이 다르다. 여기서 '처음보다 커졌다'라고 말하는 데에는 아주 중요한 의미가 있다. 다른 못들은 없어졌거나 작아진 데 비해 수성못만은 유일하게 본래의 자연 호수일 때보다 오히려 커졌다는, 그런 의미에 그치는 단순한 표현이 아니라는 말이다. 수성못의 확장에는 일본까지 개입되어 있다.

풍신수길豐臣秀吉(도요토미 히데요시, 1537~1598) 직전의 일본 최고 권력자는 직전신장織田信長(오다 노부나가, 1534~1582)이었다. 일본 역사 최초 통일을 목전에 두었던 직전신장의 본거지는 기후성岐阜城이었다. 하지만 직전신장과 그의 아들 직전신충織田信忠(오다 노부타다, 1557~1582)은 부하 명지광수明智光秀(아케치 미쓰히데, ?~1582)의 반란에 밀려 자결로 삶을 마감한다. 직전신장의 총애를 받아온 풍신수길이 배신 세력을 제압하고 대권을 잡는다. 그 후 풍신수길은 임진왜란을 일으킨다.

시간이 흘러 1910년, 경술국치를 겪으면서 우리나라는 일본의 식민지가 된다. 일본인 중에는 바다를 건너 한반도로 가서 큰 돈을 벌겠다는 야심에 들뜬 사람들이 생겨난다. 기후현의 정장(동장 정도)으로 있던 수기임태랑水岐林太郎(미즈사키 린타로)도 그런 꿈을 가지고 1915년 현해탄을 건넌다. 성씨가 '수기水岐'인 것만 봐도 기후岐阜 사람이라는 사실을 쉽게 알 수 있는 수기임태랑은 이른바 '개척 농민'으로 조선에 들어왔던 것이다.

그 무렵 수성들판에 농업 용수를 공급하던 신천이 상수도 수원으로 변경된다. 수성못 아래 농민들은 농사지을 물이 절대적으로 부족해졌다. 수기임태랑은 몇 명의 조선인들과 함께 수성못 확대를 도모하는 수리조합을 결성한다. 총독부의 지원에 힘입은 그들은 조그마하던 자연 호수 수성못[56]을 1927년 거의 지금 형태로 확대 개축한다.

1927년 9월 3일자 동아일보는 수성못 공사에 총독부 1만 1000원, 경북도청 2만 원, 대구부(대구시) 4만 원의 예산, 동양척식주식회사의 6만2500원 차입금이 들어갔다고 보도했다. 조선총독부와 일제 관청, 동양척식주식회사가 자금을 대어 완공한 수성못 공사를 앞장서서 이끈 사람이 바로 수기임태랑이었다. 총독부 등은 무엇 때문에 수성못 확장 공사를 진행했을까? 한국의 백성들을 위해서?

---

[56] 세종 때의 《경상도 지리지》에 수성못으로 추정되는 '문동제'의 존재가 기록되어 있다.

수기임태랑은 그 이후 줄곧 수성못 관리자로 재직한다. 1939년 임종을 앞둔 그는 자신을 수성못이 보이는 위치에 묻어달라고 유언한다. 후손들은 현재의 자리에 그의 묘소를 만든다. 임진왜란 당시 일본 침략군의 본부가 주둔했던 대구에 일본인 개척 농민의 묘소가 남아 이상화가 노래한 '빼앗긴 들'을 지긋이 내려보고 있다. ■

수성구 수성못길 37 빼앗긴 들에도 봄은 오는가 시비
우현서루부터 윤봉길 의거까지의 이장가李庄家

　농민들에게 물세를 받기 위해 조선총독부와 동양척식주식회사 등의 자금으로 시작된 수성못 확대 축조 공사가 마무리를 향해 달려가던 1926년, 이상화는 못둑에 올라 수성들판을 바라보며 시상에 잠긴다. 시인의 뇌리에는 '빼앗긴 들에도 봄은 오는가?'라는 어두운 질문이 칼날처럼 스쳐 지나간다. 그로부터 80년 세월이 흐른 2006년, 시인이 무거운 마음으로

섰던 수성못 북쪽 못둑에 '빼앗긴 들에도 봄은 오는가' 시비가 세워진다. 2017년에는 시비 바로 왼쪽에 시인의 흉상도 놓인다. 이 흉상은 본래 수성구 범물동 용학 도서관 1층에 있던 것인데, 시비 주변을 '상화 동산'으로 조성하면서 옮겨 놓았다. 아마 시인도 그렇게 한 일을 두고 '잘했다'고 칭찬하시리라.

이상화 시 〈빼앗긴 들에도 봄은 오는가〉에 서려 있는
역사를 더욱 감동적으로 소개하기 위해
소설 형식으로 형상화해서 아래에 수록합니다.

1932년 5월 29일, 아침 식사를 방금 마친 이상화가 바깥출타를 앞두고 구두끈을 묶는 중이다. 그때 본가(큰아버지 이일우의 집) 침모針母가 이상화의 부인 서온순에게 부리나케 달려온다. 침모의 손에는 바느질감이 들려 있다.
"그게 뭔가?"
침모가 들고 있는 천을 바라보며 서온순이 묻는다. 헐레벌떡 쫓아온 까닭에 얼굴이 상기되고 숨이 턱까지 차오른 침모가 갑자기 '헤헤' 웃는 얼굴로 대답한다.
"외출하시기 전에 빨리 전하라고 말씀하셔서 이것을 놓고 올 짬도 없이 내달려 왔지요."
말이 조금 꼬였지만, 이상화의 백부 이일우가 침모를 심부름 보내면서, 조카 이상화가 집을 나서기 전에 만나서 자신의 말을 전달하라고 지시했다는 뜻이다.

서온순이 침모에게 묻는다.

"오늘 오후 다섯 시에 수성못 주막으로 오라 하셨다고?"

"예!"

"왜 하필 수성못이라 하셨을까… 거리도 몹시 먼데?"

"그것은 소인이 짐작할 수 있는 일이 아닙지요. 그에 대해서는 아무 말씀도 아니 계셨습니다."

결국 이상화와 서온순 사이에도 같은 대화가 되풀이된다.

"수성못 못둑에 있는 주막으로 다섯 시까지 오라고 백부님께서 분부하셨단 말이오?"

"방금 본가 침모가 쫓아와서 그리 전했어요."

"왜 하필 수성못이라 하셨을까… 거리도 몹시 먼데?"

"그것은 내가 알 수 있는 일이 아니지요. 그 까닭에 대해서는 시백부님(남편의 큰아버지)께서 아무 말씀도 아니 하셨다고 합니다."

이상화가 고개를 갸우뚱한다. 서온순이 묻는다.

"다른 일과 겹치지는 않나요?"

"괜찮소. 그 시간대에는 별다른 약속이 없소. 자정에는 꼭 가야 할 곳이 있지만…."

'자정?'

그 순간, 서온순은 '아차!' 싶다. 침모가 어젯밤 자정 무렵에도 왔었다는 사실을 깜빡 잊고 있었다. 어제는 이상화에게

'본가로 오라'는 전갈이었는데, 아직 귀가하지 않았으므로 알릴 수 없었고, 한참 뒤 집에 왔을 때에는 고주망태여서 아예 언급 자체를 하지 않았었다.

서온순이 이상화에게 말한다.

"어젯밤 자정 무렵에도 참모가 시백부님 말씀을 전하러 왔었답니다. 본가로 오라고 하셨지요."

"그것 참 … 무슨 일이실까? 궁금해지는군. 그런데 매우 급한 용무는 아니신 모양이야. 오후 다섯 시에 만나자고 하시는 것을 보면…."

서온순, 밤 12시에 중요 모임이 있다는 남편의 말이 내심 뜨악하지만, 그게 어떤 성격의 회동인지 묻지는 않는다. 본인의 이름 그대로 그녀는 성품이 매우 온순했을 뿐만 아니라, 남편 이상화가 그리 다정다감하게 자신을 대하는 사람도 아니라는 사실을 익히 알고 있는 까닭이다.

그녀는 달성 서씨이지만 대구권 사람은 아니고, 멀리 충남 공주에서 대구까지 시집을 왔다. 자신의 오빠 서덕순(미군정기 충남 도지사)과 이일우의 사위 윤흥렬(독립 이후 대구 최초 일간신문 《대구시보》 발행인)이 일본 와세다早稻田대학을 동문 수학한 사이여서, 그 인연으로 중매가 이루어지자 이일우가 강력히 밀어붙였고, 이윽고 결혼이 성사되었다.

자유연애로 이루어진 결혼이 아니어서 그랬는지, 이상화는 일본에서 만난 여자 유학생과 염문을 뿌리는 등 줄곧 서온순의 마음을 불편하게 했다. 어젯밤에도 자정 넘어 귀가,

오늘밤에 자정 넘어 귀가… 남편의 여성편력… 서온순의 낯빛이 어두워진다. 이상화가 그 눈치를 본 듯, 서온순이 묻지도 않은 내용을 중얼거린다.

"자정에 갈 곳은 길 건너 남산동이니 우리집 근처요."

남편의 말을 들으며 서온순은 혼자 생각에 빠진다.

'서성로1가 44 본가와, 서문로2가 11 우리집은 100m 될까 말까 가깝고, 두 집에서 남산동은 남쪽으로 500m 거리에 지나지 않는다. 시백부(이일우)님은 시조모(이일우의 어머니)님께서 하세하신 정사(1917)년 이래 15년째 서성로 본가보다는 남산동 아미산 별서에서 지내시는 날이 더 많다. 그렇다고 해서 오늘 자정에 남편이 시백부님 별서를 찾아갈 일은 없다… 도대체 무슨 비밀 모임을 그토록 깊은 심야에 어디에서 한다는 것일까?'

서온순이 공주 영명학교에 다닐 때 오빠 서덕순이 그 학교 교원으로 재직했다. 덕분에 서온순은 집에서도 학교에서도 이런저런 신문물에 대해 많이 배웠다. 이상화와 결혼하고 2년 지나 남편의 죽마고우 현진건이 소설 〈술 권하는 사회〉를 발표했을 때(1921년) 서온순은 작중 아내가 '사회'를 '조선에만 있는 요릿집'으로 알고 "그 몹쓸 사회가, 왜 술을 권하는고!"라며 탄식하는 장면을 보고 '대구는 역시 남녀차별이 심한 고장 같아. 딸에게는 신식교육을 안 시켜! 대구 출생 소설가가 그렇게 말하고 있잖아!'라고 생각했었다.

서온순은 1919년 10월 대구로 시집살이를 왔을 때 현진건의 부인 이순득과 만나지 못했다. 당숙 현보운의 양자로 지목된 탓에 6월 15일 중국 유학을 그만두고 귀국할 수밖에 없었던 현진건은 이미 9월 10일 이래 이순득과 함께 서울 관훈동 52번지 으리으리한 저택의 주인으로 살고 있었다. 아슬아슬한 한 달 차이로 서온순과 이순득의 만남은 이루어지지 않았던 것이다.

그래도 서온순은 이순득에 대한 세간의 평가는 익히 들을 수 있었다. 자신의 시백부 이일우와 이순득의 시부 현경운이 경술국치 직전 국내 최대 계몽운동단체였던 대한협회[57]의 대구지회 교육부장과 실업부장으로 둘도 없는 동지였던 까닭이다.[58]

서온순이 자신의 이름을 닮은 품성이었듯 이순득 역시 본인 이름 그대로 순후했다. 하지만 이순득은 대구 굴지 부호 이길우의 귀한 딸이면서도 신식 교육은 전혀 받지 못했다. 서온순은 이순득과 〈술 권하는 사회〉 작중 아내의 성격이 대동소이하다고 느꼈다. 무식하다는 표현은 여러모로 지나치고, 그저 순박하고 순종적인 여성이라 하면 적합할 터이다.

서온순이 그런 회상에 잠겨있는 동안 이상화의 뇌리에는

---

57) 1907년 11월 서울에서 창립되어 1910년 경술국치 직후(9월)까지 활동한 당시 우리나라 최대의 계몽운동단체.

58) 국사편찬위원회, 〈한국근현대잡지자료〉 중 '대한협회보 제8호(1908.11.25.)', 《한국사데이터베이스》. "九月 十五日 通常總會에 敎育部長은 玄擎運氏와 實業部長은 李一雨氏가 被選ㅎ다."

큰아버지 이일우가 아미산 아래에 별서를 짓고 은거하게 된 까닭이 스쳐 지나간다.

'일제가 우현서루를 강제로 폐쇄하고, 또 얼마 지나지 않아 할머니께서 세상을 떠나신 때문이야….'

'할아버지(이동진李東珍(1836~1905)께서는 세 살 때부터 홀어머니와 극빈하게 살아가던 중 자주성가로 큰 재산을 모아 논밭을 1254두락이나 소유하게 되셨지. 58세이시던 갑오(1894)년 봄 230두락의 땅을 인척들에게 나누어주고, 다시 480두락의 땅을 출연하여 종족 가운데 혼인하거나 상례를 치르거나 가뭄 때 구휼 경비로 삼게 하셨어. 모두 710두락, 14만2,000평의 땅을 사회에 환원하신 게지. 이때 사회환원한 논밭을 세상사람들은 이장李庄이라 불렀고, 가문 명칭 이장가李庄家도 거기서 유래했지.'[59)]

'할아버지께서는 세상을 떠나시기 직전 해인 갑진(1904)년에 민족계몽교육기관(우현서루)[60)] 설립을 결심하시고, 장남인

---

59) 《성남세고》(경진, 2016) 중 박형남 〈제이장록후〉 45~50쪽. (필자 주) 평당 10만 원으로 환산하면 142억 원, 100만 원으로 환산하면 1420억 원에 해당되는 거액이다.

60) 국사편찬위원회 《한국사데이터베이스》 〈국사관논총〉 제58집 : 신교육구국운동의 움직임이 경북지방에서 최초로 나타나는 것은 이일우가 설립하는 시무학당時務學堂이다. 시무학당은 교육운동으로서 뿐만 아니라 구국운동의 측면에서도 의미가 매우 크다. (필자 주) 교육과정을 가진 학교 기능으로 시무학당이 설립되었고, 이것을 도서관 형태로 운영할 때는 우현서루라는 이름으로 불리었다.

백부(이일우)님과 논의하신 후 드디어 을사(1905)년에 개교를 하셨지. 뒷날(1924년) 일본 왕궁에 폭탄을 던지는 김지섭 지사 등 많은 독립지사들을 배출한 우현서루를 일제가 가만히 놔둘 리 없었지. 결국 일제는 경술국치의 야욕을 이루자마자 우현서루를 강제 폐교시켰어(1911년).[61]'

'그 후 백부님께서는 "시대에 구속되어卒爲拘於時 (우현서루) 폐쇄 후로는閉鎖自後 문을 닫고 칩거했으며杜門蟄伏, 다만 집안 일을 엄숙히 다스렸을 뿐只自肅淸家庭間事而已"이셨지. 그러다가 정사(1917)년 모친(이상화의 조모)상을 당하시고는 "집안 일을 사촌형님(이상악)에게 맡기고家事付諸不肖 세상과 스스로 단절하여與世自絶 종일토록 단정히 앉아 있었으니終日端坐 마치 진흙인형과 같았어如泥塑人"[62] 오죽하면 다음과 같은 시를 쓰셨을까…'

〈題此隱庄 이 조용한 땅에서〉

峨嵋山下是吾州
아미산 아래가 바로 내가 사는 곳이다
晩計新成近市樓

---

61) 이상화의 아버지이자 이동진의 차남인 이시우는 1908년 31세 젊은 나이에 세상을 떠남으로써 우현서루 운영을 비롯한 독립운동 또는 계몽운동에 크게 기여하지 못했다.

62) 《성남세고》 중 이상악 〈유사〉 243~245쪽.

노년을 보낼 생각에서 새로 터를 잡았는데 시내와 가깝다네

遯世還嫌藏峽裡
세상을 피해 골짜기에 숨는 것은 싫고

觀時端合枕街頭
시절 돌아가는 것은 길거리를 거닐어 보면 바로 알 수 있지

窓含霜月雙砧宿
창에 비치는 차가운 달빛에 다듬이소리 그치고

酒煖金爐萬籟休
술 데우는 쇠화로 불꽃에 온갖 소리 사라지네

門外囂塵迢不染
문 밖 떠들썩한 속세에 조금도 물들지 않으니

紛紛何理武陵舟
무릉으로 배를 띄우는 일 오히려 어지러울 뿐

'그런 백부님이시다. 세상과 인연을 끊으시고, 웃음이라고는 전혀 없으셨던 분이다. 그것이 벌써 15년, 20년…. 그런데 오늘 오후 5시에 만나자고 하시니 도대체 무슨 일일까?'

이상화는 너무나 궁금하다. 하지만 전혀 알 수 없는 일이다. 심부름을 온 침모도 아내도 물론 그 까닭을 모른다. 만남 장소가 수성못인 이유도 그저 오리무중이다.

어느덧 오후 5시가 다 되어가는 시각, 이상화가 수성못

가까이 다가서고 있다. 소박하다 못해 허름해 보이는 주막 하나가 못둑에 엉성하게 다리를 걸치고 설치되어 있다. 바람이 불거나, 또는 취객이 붙들고 흔들어대면 무너져 내리지 않을까 걱정될 지경이다.

'참, 백부님도 어지간하시지…. 대구에서 손가락에 꼽히시는 민족재산가가 저렇게나 민중적인 주막으로 조카를 불러내시다니 …. 그것도 조카가 누구인가? 〈빼앗긴 들에도 봄은 오는가〉의 민족시인 이상화 아닌가 말이야!'

백부 이일우의 지나치다 할 검소함에 생각이 미치자, 이상화의 머리에는 '야학' 두 글자가 번개와 천둥처럼 떠오른다. 이일우는 대구전보사大邱電報司 장長(정3품)으로서 정부 정보[63]기관 고위 공무원인 현경운玄擎運(현진건의 아버지)과 더불

---

63) 대구전보사의 '전보'를 간략한 내용을 담아 급히 보내는 우편물로 생각해 흔히 "현경운, 대구우체국장 역임" 식으로 기술한다. 대구전보사의 '전보'는 우편 개념이 아니라 통신 개념이다. / 대구우체국이라는 관서는 1905년 10월 21일 생겼고, 1903년 11월 1일 대구우편수취소, 1895년 10월 23일 대구우체사가 설립되었다. 그런데 1899년(광무 3년) 7월 13일자 관보에 "7월 10일 任 대구전보사 주사 판임관 6등 현경운" 기사가 있다. 즉 대구전보사와 대구우체국은 다른 기관이다. / 한국학중앙연구원,《한국향토문화전자대전》, 〈러일 전쟁과 진해〉에 "일본은 1904년 2월 러일 전쟁을 일으키면서 대규모의 군대를 한반도에 진주시켜 주요 지역을 사실상 강점하였다. 이때 군사적 요충지였던 진해만 일대는 일본군의 일차적 점거 대상이었으므로, 이미 2월 6일 일본군이 불법적으로 마산포 일대를 점령하고 전보사와 우체사를 장악하였다."라는 부분이 있다. 이 기술 역시 전보사와 우체사가 다른 기관이라는 사실을 말해

어 밤이면 야학 교사로 활동했다.[64] 현경운은 1908년 11월 6

준다. / 국사편찬위원회《신편 한국사》를 통해 전보사가 어떤 곳인지 알아본다. "조선정부는 1896년 7월 26일에 전보사관제를 제정하여, 전신사업의 재개를 체계적으로 추진하였다. 이 때는 아직 23부제가 실시되고 있는 시기여서, 〈전보사관제〉에 규정된 전보사 설치 예정지는 이를 반영하여 우체사와 마찬가지로 23부 소재지와 원산을 포함하고 있으며, 이 이외의 설치예정지로는 경흥과 회령과 고성이 있다. 경흥과 회령은 러시아 전신선과의 연접을 의도하여 포함된 것으로 판단된다. 그러나 전보사는 이들 지역에 모두 설치되지는 않았다. 그 이유는 (중략) 당시에는 청일전쟁 이전에 가설한 전신선을 복구하여 이들 지역에 전신업무를 재개하는 것에 초점이 맞추어졌고, 이 전신선의 복구를 넘어선 전신선의 확장은 별로 이루어지지 못하였는데, 이는 재정의 문제에 기인하는 것으로 판단된다. (중략) 대한제국의 전보사는 크게 여섯 종류의 지역으로 확장되었다. 첫째는 관찰도 소재지, 둘째는 새로 개항한 지역, 세째는 외국인 개발광산이 소재한 지역, 셋째는 북로전선의 북쪽으로의 연장을 위한 거점, 다섯째는 한성 인접의 주요지역, 여섯째는 기설 전신선의 중간에 존재하는 지역이다. (중략) 당시 일본은 군용전선이라는 미명하에 경인전선과 경부전선을 운영하고 있었다. 육상전신선은 절단 등에 의해 쉽게 파괴될 수 있는데, 대한제국과 조선인은 이 전신선에 대해 적대적이었으므로, 이를 보호하기 위해 전선수비헌병電線守備憲兵을 파견하고 있었다. (하략)

64) 김일수, 〈대한제국 말기 대구지역 계몽운동과 대한협회 대구지회〉,《민족문화논총》제 25집(영남대 민족문화연구소, 2002), 200쪽 : (〈대한협회 대구지회록〉에 따르면) 대한협회 대구지회는 1908년 5월 이일우의 제안으로 국문야학교를 세우기로 하고, 그 설립연구 위원으로 이일우·이종면·백일용·서기하·김재열 등을 선정하였다. 6월에는 노동야학교를 개설하고 교장에 현경운, 교사에 최시영·이쾌영·이종면·김재열·이일우·김봉업·서기하·이은우·허협 등을 선정하였다.

일부터 대한협회 대구지회 부설 대구노동야학大邱勞動夜學('국민야학교國民夜學校') 교장으로, 그보다 10년 연하인 이일우는 교사로 복무했다[65].

'참, 대단한 분들이시지!'

문득 이상화의 기억을 헤집으며 신문 기사 한 부분이 떠오른다. 한 달쯤 전인 5월 7일 동아일보 지면에서 본 보도이다. 4월 29일 일본군 육군대장 등이 모인 상해 행사 연단에 폭탄을 던져 세계만방에 우리 민족의 기상을 드날리고, 중국이 대한민국임시정부에 적극 협조하게 되는 큰 계기를 마련한 거사가 있었는데,[66] 그 의거를 이끈 윤봉길 의사에 관한

---

65) 국사편찬위원회, 〈국사관논총〉 제67집 '교육부문운동'에 "大邱支會는 9월 15일의 통상총회에서 교육·실업 2 부장을 선출하였는데, 교육부장에는 玄擎運을 선출하였다. (중략) 大邱支會는 1908년 5월 14일 총회에서 國民夜學校를 설립하기로 가결하였으며, 10월 2일의 통상평의회에서는 勞動夜學校 교수원 6인을 선정하였다."라는 진술이 있다. / 대한협회보 12 (1909.3.25.), 56쪽의 표현 : "11월 6일 通常評議會에서 노동야학교장 현경운 씨 代에 최시영 씨가 被選다."

66) 국사편찬위원회, 《한민족독립운동사》: 임시정부에서는 이미 1930년 1월 새로운 활로를 모색하기 위하여 민족운동단체의 대동단결을 위해 한국독립당을 결성한 바 있고, 만주사변을 계기로 중국인의 항일의식이 고조된 것을 기회로 한인애국단韓人愛國團을 조직하였다. 한인애국단은 이봉창李奉昌·윤봉길 奉吉)의거를 일으켜 중국 국민당정부로부터 임시 정부가 신임과 지원을 얻게 되는 계기를 마련하였다. 그리하여 김구가 주도하는 임시정부는 중국 국민당정부의 장개석蔣介石으로부터 후원을 얻어 독립군 간부의 양성을 위한 노력을 기울이게 되었다.

속보였다. 윤봉길이 누구냐, 출생지가 어디냐 등에 관한 기사였는데, 맨끝에 "五년 전에 동리에서 동지를 합하야 四五十명의 아동을 모아 야학을 했다"는 설명이 붙어 있었다. 그날 신문을 볼 때는 무심히 읽어 지나쳤는데, 그 대목이 지금 이 순간 문득 이상화의 눈앞에 꽃이 피어나듯 떠올랐다.

'현진건의 부친 현경운 선생께서도 야학, 나의 백부님도 야학, 윤봉길 의사도 야학! 삼천리 강산을 들불처럼 달구어내는 원천력이 바로 야학이로다!'

이윽고, 주막에 당도했다. 수성들 쪽을 줄곧 바라보고 있던 이일우가 자리에서 벌떡 일어서며 조카 이상화를 큰 목소리로 부른다.

"어서 오너라, 조카야!"

음성이 우렁차고, 표정도 빛이 나는 듯 밝다. 이토록 환하고 힘찬 모습의 큰아버지는 20년 만이다. 너무나 어리둥절하지만, 아무튼 기꺼운 마음으로 이상화가 허리를 굽혀 인사를 올린다.

"자, 자, 조카야! 이리 앉아라!"

이일우가 의자까지 내준다. 황망한 마음에 이상화가,

"백부님! 어찌 이러십니까?"

하며 몸둘 바를 모른다. 주모가 술과 안주를 챙기러 간 사이에 이일우가 참을 수 없다는 듯이 탁자 위에 얹어두었던 지난 신문을 끄집어 조카에게 보여준다.

"이 신문, 보았지?"

윤봉길이 누구냐, 고향이 어디냐, 야학을 했다 등이 실렸던 5월 7일 동아일보다.

"예! 보았습니다!"

이일우가 더욱 활기차게 말한다.

"이 대목도 보았느냐?"

이일우가 가리키는 대목은 "五년 전에 동리에서 동지를 합하야 四五十명의 아동을 모아 야학을 했다"의 바로 앞 문장이다.

"(윤봉길은) 보통학교를 二년밖에 다니지 못하엿스나 신문서적을 독습하야 상당한 상식을 어덧다."

이상화가 '이 부분에 무슨 특별한 의미가 있습니까?'라는 낯빛으로 큰아버지 이일우를 쳐다본다.

이일우가 말한다.

"나는 예전에도 말했고, 근래에도 '책을 읽을 때 한 글자라도 함부로 지나치지 않아야 옛사람의 의도를 알 수 있다. 나 자신 또한 회암(주자) 선생의 책을 읽음에 차라리 정밀하게 할지언정 성글게 하지 마라는 가르침을 터득하여, 차라리 정밀한 데에서 실수할지언정 성근 데에는 실수할 수가 없다(常日讀書能不一字放過 可知古人用意 而自家亦有得晦菴夫子 於讀書寧密無疎 吾寧失於密 而不可失於踈也)'[67]라고 말해왔다. 그런데 너는 대단한 시인이면서도 글을 꼼꼼하게 읽지 않는구나!"

마치 꾸짖는 듯하지만 이일우의 얼굴은 한없이 밝다. 더더욱 감을 잡지 못한 이상화가 큰아버지 이일우를 다시 쳐다본다. 이일우가 신문의 특정 지면을 손가락으로 재차 짚는다.

"여기를 주목해서 보아라!"

이일우의 손은 여전히,

"(윤봉길은) 보통학교를 二년박게 다니지 못하엿스나 신문서적을 독습하야 상당한 상식을 어덧다."

대목을 짚고 있다.

그래도 여전히 이상화는 이해가 되지 않는 얼굴이다. 이일우가 말을 잇는다.

"〈빼앗긴 들에도 봄은 오는가〉의 무대가 수성못이라 들었다. 그래서 이곳에서 만나자고 한 것이다. 진작에 이곳에 둘이 와 보고 싶었는데, 이제야 왔구나!

---

67) 《성남세고》 중 박승조 〈행장〉 208쪽.

어제 밤늦게 놀라운 소식을 듣고 너무나 감동한 나머지 자정 무렵에 참모를 보내서 너를 불렀었다. 너는 그때까지도 귀가를 하지 않았더구나. 그런데 아침에 곰곰 헤아려보니 그냥 집에서 말할 것이 아니라 이곳 수성못에서 만나 이야기를 하면 훨씬 좋겠다 싶은 판단이 들더구나."

  그렇게 말하던 이일우가 흥겨운 기분을 도저히 참을 수 없다는 듯한 표정으로 자리에서 벌떡 일어서더니,

  "일단 내가 〈빼앗긴 들에도 봄은 오는가〉를 한 번 읊은 다음에 말을 계속 하마!"

하고는 〈빼앗긴 들에도 봄은 오는가〉를, 지난 15여 년 동안 일찍이 듣지 못했던 활기찬 목소리로 낭송한다.

  지금은 남의 땅 — 빼앗긴 들에도 봄은 오는가?

  나는 온 몸에 햇살을 받고
  푸른 하늘 푸른 들이 맞붙은 곳으로
  가르마 같은 논길을 따라 꿈속을 가듯 걸어만 간다.

  입술을 다문 하늘아 들아
  내 맘에는 내 혼자 온 것 같지를 않구나!
  네가 끌었느냐 누가 부르더냐 답답워라 말을 해다오.

  바람은 내 귀에 속삭이며
  한 자욱도 섰지 마라 옷자락을 흔들고
  종다리는 울타리 너머 아가씨같이 구름 뒤에서 반갑다 웃네.

고맙게 잘 자란 보리밭아,
간밤 자정이 넘어 내리던 고운 비로
너는 삼단 같은 머리털을 감았구나. 내 머리조차 가뿐하다.

혼자라도 가쁘게 나가자.
마른 논을 안고 도는 착한 도랑이
젖먹이 달래는 노래를 하고, 제 혼자 어깨춤만 추고 가네.

나비, 제비야, 깝치지 마라.
맨드라미 들마꽃에도 인사를 해야지.
아주까리기름 바른 이가 지심 매던 그 들이라도 보고 싶다.

내 손에 호미를 쥐어다오.
살진 젖가슴과 같은 부드러운 이 흙을
발목이 시리도록 밟아도 보고, 좋은 땀조차 흘리고 싶다.

강가에 나온 아이와 같이,
셈도 모르고 끝도 없이 닫는 내 혼아,
무엇을 찾느냐 어디로 가느냐, 웃어웁다, 답을 하려무나.

나는 온 몸에 풋내를 띠고,
푸른 웃음 푸른 설움이 어우러진 사이로,
다리를 절며 하루를 걷는다. 아마도 봄 신명이 지폈나 보다.

그러나 지금은 — 들을 빼앗겨 봄조차 빼앗기겠네

큰아버지 이일우가 〈빼앗긴 들에도 봄은 오는가〉를 창작 현장 수성못에서 직접 낭송하니 이상화는 오직 감동할 따름이다. 눈물이 흐릴 듯한 얼굴로 이상화가 이일우를 바라본다. 이일우가 조카의 어깨를 붙잡으며 연설을 하는 듯이 말한다.

"윤봉길 의사는 보통학교를 2년밖에 다니지 않았지만 신문과 서적을 통해 많은 지식을 얻었다고 했다. 그 서적에 월간 《개벽》이 있고, 병인(1926)년 《개벽》 6월호에 발표된 너의 시 〈빼앗긴 들에도 봄은 오는가〉가 있다.

윤봉길 의사가 〈빼앗긴 들에도 봄은 오는가〉를 읽고 중국 망명과 독립운동을 결심했다는구나! 어찌 놀라운 일이 아니냐. 윤 의사의 동생 윤남의 선생이 증언했고,[68] 그 증언을 들은 사람이 어젯밤 늦게 대구에 와서 말했다. 그 말을 들으며 내가 얼마나 감동을 했던지…!"

이상화도 처음 듣는 내용이다. 윤봉길 의사가 〈빼앗긴 들에도 봄은 오는가〉를 읽고 중국 망명과 독립운동을 결심했다니, 시를 창작한 시인으로서 가슴이 뭉클하다. 민족시인의 역할을 했구나 싶어서 스스로 마음이 찡하고, 윤봉길 의사가 머잖아 순국할 것을 생각하면 가슴이 찢기는 듯 애잔하다.

이일우가 말한다.

"네가 자랑스럽다! 윤봉길 의사의 상해 투탄은 우리 독립운동의 흐름을 바꿀 대단한 쾌거였다.[69] 네가 그 노둣돌을

---

68) 윤남의, 《윤봉길 일대기》(정음사, 1975). 김상기, 《윤봉길》(역사공간, 2013). 21쪽에서 재인용.

69) 《두산백과》〈윤봉길〉 일부 : (윤봉길 의사의) 이 사건은 중

놓았으니 어찌 내가 눈물겹지 않겠느냐!"

큰아버지와 조카의 조촐한 술자리가 '빼앗긴 들'을 바라보며 이어진다. 신천 너머 멀리 비산동 방향 하늘은 어느덧 붉은 노을로 자욱하게 물들고 있다.

"우현서루가 강제로 폐쇄된 이래 오늘같이 유쾌한 적이 없었다. 윤봉길 의사가 머잖아 순국할 일이 너무나 안타깝지만 나라와 겨레를 위해 엄청난 큰일을 하셨으니 하늘의 홍복이 있으리라."

"그럴 것입니다, 백부님!"

이일우가 편안한 눈빛으로 상화를 바라본다.

"네가 그 동안 저질러온 잘못들, 내가 하나하나 열거하지 않아도 스스로 잘 알겠지? 내가 오늘 모두 용서해주겠노라. 하하하하!"

이상화가 약간 겸연쩍은 표정과 상기된 낯빛을 드러내며 일어서서 큰아버지 이일우에게 절을 한다.

"고맙습니다, 백부님! 앞으로는 걱정을 끼쳐드리지 않겠습니다."

"허허, 그래야지!"

이일우가 잠깐 머뭇거리는 듯 입술을 다물었다가 펴면서 말한다.

"나라고 어디 잘한 일만 있겠느냐? 기미(1919)년 만세운동

국 등 세계에 알려졌고, 중국의 지도자 장제스는 "중국 100만 대군도 하지 못한 일을 조선의 한 청년이 해냈다."고 격찬하였다.

때 조선총독부가 3·1운동을 무마하기 위해 관변단체 자제단自制團을 만들었을 때 거기에 발기인으로 이름을 올린 것이 가장 씻을 수 없는 과오였어. 너, 네 형(상정), 사촌형(상악)을 모두 잡아넣고, 우리 가문의 사업체를 하나같이 무너뜨리고 강탈하겠다고 협박하는 왜놈들의 술수에 굴복하지 말았지.

그러나 그 후 대구의 주요 사업가들 대부분이 일제가 임명하는 중추원 참의(현 국회의원 격)가 되어 조선총독부 자문 역할을 하면서 이런저런 사익을 취할 때 나는 결코 저들에게 협조하지 않았다. 내가 경영에서 물러난 뒤 가업을 대신 맡아서 이끌고 있는 네 사촌형 상악도 신문에 '후덕한 지주'[70]로 보도될 만큼 올바르게 잘하고 있다. 아무튼 나의 시대는 이미 끝난 지 20년이 넘었으니 이제는 너희들이 잘 해주어야 한다!"

"명심하겠습니다!"

이상화가 큰아버지에게 막걸

"후덕한 지주 이상악 씨 칭송 : 거리거리에 목비요, 사람사람이 칭송" (중외일보, 1930년 5월 30일)

---

70) 한국학중앙연구원, 《한국향토문화전자대전》, 〈이상악李相岳〉 : (전략) 이상악은 기업경영뿐 아니라 지주경영에도 힘썼다. 1928년 자신 소유의 농지가 있는 청도군에서 수해가 발생하자 각북면 면사무소를 통하여 보유하고 있던 곡식을 나누어 주도록 하였으며, 1930년에는 흥농조합興農組合를 만들어 소작농의 안정화를 도모하였다. 이때 이상악은 '후덕한 지주'로 불렸다고 한다. (1886년 출생한) 이상악은 1941년 11월 27일 사망하였다.

리를 따르면서 다짐한다. 다시 이일우가 조카에게 말한다.

"오늘은 일찍 집에 들어가겠지? 또 자정을 넘기지는 않으렷다?"

이상화가 대답을 못하자 이일우가,

"어허, 왜 대답을 못하느냐? 설마?"

하며 반 웃음조로 다그친다. 이상화가 잠시 기다렸다가 천천히 입을 뗀다.

"오늘이 의열단 부단장으로 맹활약을 하다가 순국한 이종암 형 기일입니다. 남산동(이종암 지사의 형 이종윤의 집)에 가야 합니다."

이일우가 고개를 끄덕인다.

"벌써 2년이 되었구나···. 상정이와 같은 병신(1896)년 생이니 살아있어도 이제 겨우 서른일곱밖에 안 되는데···."

이상화가 어릴적부터 세상을 떠날 때까지 쌓았던 인연을 되새기며 이종암을 떠올린다. 이일우가 그러는 조카를 바라보며 말을 건넨다.

"가까운 사람이 죽으면 누구나 마음에 큰 상처를 입게 된다. 살아남은 다른 이가 잘 다독여주어야 해."

"잘 알겠습니다. 종암 형의 형(종윤)과 동생(종범)에게 더 많은 관심을 가지겠습니다."

그렇게 대답하는 조카 이상화를 유심히 응시하던 이일우가 문득, 지금까지 나누던 대화와 전혀 다른 말을 꺼낸다.

"너는 네 아내에게 지금보다 훨씬 좀 더 잘했으면 좋겠구나."

　이상화가 입밖으로 차마 소리를 내지는 못하고 웅얼거리 듯이 '예?' 한다. 갑자기 무슨 말씀이신지…?

　이일우가 말을 잇는다.

　"너는 네 아내가 유관순 열사와 공주 영명학교 급우였다는 사실을 알고 있느냐?"

　이상화가 놀란 얼굴로 대답한다.

　"예에? 금시초문입니다."

　주막 밖 수성못 물결에 노란 달빛이 차차 내려앉기 시작한다. (이 글은 집필 중인 《장편소설 우현서루》의 일부입니다.)

달성군 가창면의 독립운동 유적
소작 쟁의, 파리 장서, 보천교, 동맹휴학, 임시정부 특파원

수세 징수를 목적으로 수성못 확대 공사를 벌인 수기임태랑 등이 총독부, 동양척식주식회사 등의 지원을 받아 일을 거의 마무리해 갈 무렵, 수성들판에 농사지을 물을 대는 수원 중 한 곳인 신천 상류의 달성군 가창면에서 소작 쟁의가 일어났다. 국가보훈부 공훈록은 '양도일楊道一이 1925년 경북 달성군 가창면에서 전개된 소작 쟁의를 주도하였다.'라고 기록하고 있다.

양도일은 1876년 6월 3일 달성군 가창면 용계동 63번지(현 가창면 사무소 뒤)에서 태어나 1942년 4월 21일 향년 67세로 세상을 떠났다. 그는 1925년 무렵 소작인의 권리 옹호와 소작권 보호를 위해 가창농업공동회嘉昌農業共同會라는 단체를 조직했다.

1925년 2월 20일경 회원인 전봉학全鳳學이 여러 해에 걸쳐 경작해 온 정용기鄭龍基 소유의 논 5두락斗落(한 말의 씨를 뿌릴 수 있는 농토로 흔히 '마지기'라 한다. 보통은 논 200평, 밭 300평을 가리킨다.)에 대한 소작 계약이 일방적으로 해지되고 관료인

김동준金東濬에게 넘어가는 등 피해자가 속출하였다. 6월 23일 전봉학은 양도일에게 찾아가서 대처 방안을 상의하였다.

양도일은 회원 100여 명을 동원하여 정용기의 논에 모를 심었다. 이때 김동준도 인부들을 데리고 와서 이곳에 모를 심으려 했다. 양도일과 회원들은 김동준이 데리고 온 인부들을 폭행하여 논 밖으로 내쫓았다. 이에 김동준 등은 모를 뽑아내려고 했다. 양도일 등은 큰 소리로 그들을 윽박지르고 협박하여 쫓아버렸다.

이 일로 피체된 양도일은 1926년 3월 4일 대구지방법원에서 소위 '업무방해·소요' 등의 죄목으로 징역 6월의 옥고를 치렀다. 정부는 고인의 공훈을 기리어 1997년에 대통령 표창을 추서하였다. ■

이경만李敬萬은 1897년 2월 4일 달성군 가창면 행정동 91번지(퇴계길 99-4)에서 출생하여 1983년 10월 12일 향년 88세에 별세했다. 지사는 대구 계성학교를 졸업한 후 1920년 8월 상해임시정부 특파원 이현수李賢壽의 명을 받아 동지 정덕진丁德鎭과 함께 경북 일원에서 친일파 군수·면장 기타 관리들, 그리고 및 부호 유지들에게 경고문·물품 불구매 고지서 物品不購買告知書(일제와 친일파들이 판매하는 물품을 사지 않겠다는 통지서)·납세 거절 협박문 등을 발송하는 한편 이를 대구 부내府內(요즘의 시내) 길거리에 살포하여 반일 애국정신을 고취하고 독립군 군자금을 모집하는 일에 힘썼다.

또 1921년 12월 외국인 선교사를 통하여 미국 워싱턴 회의에 독립청원서獨立請願書를 발송하는 한편, 특파원 이현수가 집필한 영문英文 〈자유〉지誌를 대구뿐만 아니라 평양·대전 등 전국 주요 각지의 외국인 선교사에게 비밀리에 배부했다. 그러던 중 1923년 1월 24일 일경에 체포되어 옥고를 치렀다. 정부에서는 고인의 공훈을 기려 1990년에 건국훈장 애족장(1983년 대통령 표창)을 추서하였다. ■

서보인徐輔仁은 1895년 5월 6일 달성군 가창면 삼산리에서 태어나 1960년 3월 20일 향년 66세로 세상을 떠났다. 지사는 1930년경 차경석車京錫이 교주로 있던 보천교普天敎[71]에 가입했고, 1940년에는 독립운동 성향의 보천교도들이 전북 정읍을 중심으로 조직한 비밀결사 신인동맹神人同盟에 들어 활동했다. 그해 11월 신인동맹의 중심인물 정인표鄭寅杓로부터 신

---

71) 차경석은 동학혁명 당시 접주로 있다가 처형당한 차치구車致久의 장남으로, 그 자신도 일찍부터 동학에 가담했다. 차경석은 동학 계열의 증산교를 창교한 강일순姜一淳을 만나 열성적으로 활동했는데, 강일순의 사망 후 제자들이 선도교仙道敎라는 신종교를 세울 때에도 중심 역할을 했다. 이후 선도교는 1920년 간부만 55만 7700명을 임명할 만큼 교세가 커졌다. 차경석은 1921년 교명을 보화교普化敎(뒤에 다시 보천교로 개칭)라 선포했다. 교세가 날로 확장되자 일제는 탄압과 회유를 벌였다. 마침내 차경석은 친일 경향을 보였고, 교도들 중 일부가 이탈하여 새 교단을 세웠다. 그 이후 결국 교세가 크게 약화되기 시작했다. 그러던 중 1936년 차경석이 죽으면서 보천교는 총독부에 의해 사실상 해체되었다.

인동맹의 사업과 나라가 독립되었을 때 사용할 인장 220개를 제작하라는 지시를 실행해 이를 동맹원들에게 분배했다. 그러던 중 활동이 드러나 정인표 등 동지들과 함께 1940년 12월 15일 체포되었고, 1943년 10월 15일 전주지방법원에서 소위 '치안유지법' 위반으로 징역 2년의 옥고를 치렀다. 정부는 고인의 공훈을 기려 2004년 건국훈장 애족장을 추서했다.

서건수徐健洙는 1874년 1월 17일 가창면 우록리 485번지에서 태어나 1953년 6월 15일 향년 80세로 세상을 떠났다. 지사는 1919년 3월 김창숙金昌淑 등 유림儒林들이 한국의 독립을 호소하는 내용의 청원서를 작성해 파리강화회의에 보낼 때에 함께 참여했다. 흔히 파리장서사건巴里長書事件이라 불리는 이 거사는 김복한金福漢을 중심으로 한 호서 유림과 곽종석郭鍾錫을 중심으로 한 영남 유림 137명이 참여한 명실상부한 유림의 항일 운동이었다.

파리장서의 요지는 일제가 자행한 명성황후·광무황제 시해와 한국의 주권을 찬탈한 과정을 폭로하면서 한국 독립의 정당성과 당위성에 대한 주장이었다. 유림은 김창숙을 파리강화회의에 파견할 대표로 선임하여 우선 상해에 보냈으나 직접 강화 회의장까지 가지 못했고, 장서만 미리 파리에 가 있던 김규식金奎植에게 전달되었다.

1919년 4월 12일 파리장서운동을 알게 된 일제는 참가자들을 검거했고, 서건수도 이때 체포되었다. 다만 일제는 파리장서운동에 참여한 유림들이 한국 국민의 존경을 받는 인물들이었으므로 민족 감정이 더욱 번질 것을 우려한 나머지 크게 부각시키지는 않았다. 정부는 고인의 공훈을 기려 1995년 건국포장을 추서하였다.

조은석趙銀石은 1906년 6월 20일 가창면 우록리 1047번지에서 출생하여 1956년 7월 3일 향년 51세에 별세했다.

대구공립고등보통학교(경북고등학교 전신) 학생이었던 지사는 1927년 11월 10일 윤장혁尹章赫·손익기孫益基·백대윤白大潤 등과 함께 남산동 백대윤의 집에 모였다. 그들은 식민지 노예교육을 반대하고 사회과학을 연구하여 독립 운동에 매진하려는 목적으로 비밀결사 '신우동맹新友同盟'을 조직했다.

당수 장적우張赤宇, 책임비서 윤장혁, 중앙집행위원 조은석·백대륜 외 4명으로 간부진을 구성한 장종환張鍾煥·정수광鄭壽光·문철수文鐵洙·권태호權泰鎬·김낙형金洛衡·상무상尙戊祥·이월봉李月峰·정복흥鄭復興·이봉재李鳳在·박득룡朴得龍·장원수張元壽·김봉구金鳳九·장은석張銀石·한상훈韓相勳·황보선皇甫善·이기대李起大 등 20여 맹원盟員(조직원)들은 3개 그룹으로 나누어 학습에 매진했다. 이때 조은석은 제2그룹의 책임자가 되었다.

신우동맹은 또 학교별로 선전위원을 두었는데 조은석은 교남학교의 선전위원으로 활동하였다. 그들은 일제의 추적을 피하기 위해 혁우동맹革友同盟, 적우동맹赤友同盟 등으로 명칭을 변경해가면서 활동하다가 1928년 2월 조직을 해산하였다. 그 후 1928년 9월 8일 다시 '우리동맹'을 결성했고, 조은석은 조사연구부 위원으로 활동하였다.

1차 동맹 휴교 실패(1926년 3월, '조선인은 야만인'이라고 발언한 일본인 교사의 사직을 요구하였지만 15명이 퇴학당하면서 실패로 끝남) 이후인 1928년 9월 26일 조은석 등은 동급 학생들과 함께 제2차 동맹 휴교를 계획했고, '식민지 노예 교육 철폐, 민족 차별 철폐' 등을 요구하며 10월 15일 맹휴를 단행하였다. 이 일로 182명 무기정학, 18명 퇴학, 105명 검거, 24명 투옥되었다. 주동자로 체포된 조은석도 1930년 3월 11일 대구복심법원에서 소위 '치안유지법' 위반으로 징역 2년 6월을 언도받아 옥고를 치렀다. 정부는 고인의 공훈을 기려 1998년 건국훈장 애족장을 추서하였다. ■

달성군의 독립운동 유적들
명성황후 시해 후 첫 의병장의 집터를 찾아서

정학이鄭鶴伊 지사는 1913년 8월 2일 화원에서 출생했다. 국가보훈부 누리집의 독립운동가 공훈록은 그의 본적을 '경상북도 달성 花園 本 611', 주소를 '日國 大阪市'로 소개하고 있다. '달성군 화원면 본리 611번지'가 본적이라는 것은 이해가 되지만 주소가 일본 대판시라는 기록은 그 뜻이 언뜻 헤아려지지 않는다.

공훈록에 따르면 정학이 지사는 '1928년 4월부터 동년 9월까지 일본 대판大阪에서 대판 지구 교포의 인권보호와 친목을 위한 단체를 결성하여 지하실에 인쇄시설을 갖추고 항일 조국 독립을 위한 벽보를 작성하고 인쇄물을 대판 일대에 배포하였다. 1933년 9월 2일 대판에서 피검되어 동년 12월 27일 소위 치안유지법 위반으로 대판 형무소에 수감되었다가 1934년 11월 3일 순국하였다. 정부에서는 고인의 공훈을 기리어 1991년 건국훈장 애족장(1986년 대통령 표창)을 추서하였다.' 정학이 지사가 일본 대판에서 순국하였다는 이유로 공훈록이 그의 주소를 '일국 대판시'로 규정한 듯 여겨진다.

2013년 6월 6일 '정학이 열사 탄생 100주년 기념 행사'가 대구 화원초등학교에서 열렸다(달성군 화원읍 비슬로 2580). 이날 지사의 동상이 그 학교 교정에 세워졌다. 화원초등학교는 지사의 모교이다.

임진왜란 당시 공산의진군公山義陣軍(대구 의병 총연합 부대)의 초대 의병대장으로 추대되었던 정사철鄭師哲(1530~1593) 선비의 12세손인 정학이는 인흥서원에서 한학 공부를 하다가 화원공립보통학교에 편입하여 그 학교 3회 졸업생이 되었다.

그 후 정학이는 15세인 1927년 혼자 일본으로 건너가 노동을 했다. 그가 교포들의 인권을 지키고 친목을 다지기 위해 단체를 결성한 시기는 도일 이듬해인 1928년으로, 나이 16세 때였다. 그때부터 줄곧 요시찰 인물로 지사를 감시해오던 일본 경찰은 일본만이 아니라 고향 달성에까지 수배령을 내렸고, 결국 지사는 체포되어 일제 감옥에서 21세의 나이로 순국했다.

화원초등학교 교정에 동상으로 돌아온 정학이 지사는 운동장을 지긋이 내려보며 서 있다. 딸이 태어난 지 약 13개월 만에 혹독한 고문을 당한 끝에 옥중 순국한 그는 지금 운동장에서 뛰어놀고 있는 아이들이 모두 자신의 딸처럼 보이리라.

2018년 6월 11일 오전, 동상 앞에는 '외손녀' 세 글자가 쓰인 꽃바구니가 놓여 있었다. 1933년 9월 2일에 태어난 딸은 지금 생존해 있다면 85세일 터, 외손녀도 어느덧 60 안팎의 나이일 것이다. 21세까지밖에 살지 않아 그 이후의 사람살이가 어떠한지 직접 겪은 바 없는 정학이 지사, 85세 된 딸과 60세가량 된 외손녀의 모습을 실감으로 떠올리지는 못하실 터, 그저 동상 앞에 놓인 꽃처럼 그리 곱다고만 짐작하시리라. 그렇다! 당신과 같은 선열들이 피땀으로 되찾은 조국에서 사는데, 어찌 꽃처럼 곱지 않으랴.■

문영박 유적(달성군 화원읍 인흥3길 18-5, 본리리 397-1)은 일반적으로 '문씨 세거지'로 알려진 곳으로, 대부분의 대구 시민들이 가보았을 것으로 여겨지는 곳이다. 문익점의 후손들이 대를 이어 살아가고 있는 이곳 문씨 세거지의 집들 중 특히 유명한 건물은 수봉정사와 인수문고이다.

'수봉壽峯'은 이곳에 거주했던 문영박文永樸(1880~1930) 지사의 호이다. 즉 수봉정사(아래 사진)는 문영박 지사의 후손들이 그를 기려서 1936년에 세운 건물이다. 우리나라 최대의 문중 문고인 인수문고 역시 문영박 지사와 깊은 인연이 있다. 문영박과 그의 아버지 문봉성文鳳成(1854~1923)이 중국에서 양서를 선별하고 수집하여 배편으로 목포까지 싣고 온 후 다시 인편으로 문씨세거지로 가져오기 시작한 것이 인수문고

(위 사진) 태동의 기반이기 때문이다.

문영박은 영남 지역의 큰 선비이자 부호였다. 그는 1919년부터 1931년 만주사변 발발 직전인 1930년 12월 세상을 떠날 때까지 계속 재산을 처분하여 임시정부로 보냈다. 낌새를

눈치 챈 일본 경찰은 1927년 12월 가택 수색 끝에 지사를 체포하여 28일 동안 대구경찰서에 구금했다. 하지만 분명한 증거를 확보하지 못한 일경은 그를 풀어줄 수밖에 없었다.

지사가 세상을 떠났을 때 상해임시정부에서는 '추조문追弔文(추모하고 조문하는 글)'과 '특발문特發文(특별히 보내는 글)'을 상가로 부쳤다. 문서들은 독립 자금을 후원해준 데 대한 감사의 인사를 담은 내용이었기에 아무도 몰래 문씨세거지에 전달되어야 했다. 하지만 문서를 품고 국내로 잠입한 이교재李敎載는 일제의 삼엄한 경계 탓에 문씨세거지의 후손들을 만날 수 없었다. 결국 '임시정부가 세워진 것은 동양 평화와 유신을 크게 내세워 세계 평화를 유지하는 데 이바지하기 위해

서이다. 임시정부가 세워진 지 13년이나 지났지만 아직도 우리가 독립을 하지 못한 것은 일제의 탄압 때문이다. 고인(문영박)이 이러한 임시정부를 돕기 위해 의연금을 보내주어 무궁한 국가 발전에 밑거름이 된 것을 감사한다.'는 내용의 특발문과 추조문은 이교재의 경남 창녕 집 천정에 1945년까지 숨어서 지냈다.

지사의 장례 기간 중에, 또는 타계 후 일제 강점기 어느 때에 문서들이 잘 전달되었으면 어떤 일이 벌어졌을까? 후손들이 일제에 잡혀가거나, 혹은 문서들이 압수되는 운명을 맞

앉을지 모른다. 그렇게 보면, 철저하게 감시를 한 일본 경찰의 행위가 오히려 전화위복이 된 셈이다. ■

이현수李賢壽는 1896년 7월 26일 달성군 화원면 명곡리 686번지(화원읍 명곡로22길 18) 에서 출생했다. 1915년 3월 계성학교를 졸업한 그는 평양 숭실전문학교에 진학했다.

그가 독립운동에 투신한 것은 1917년 9월 중국에 가서 여러 독립운동가들과 사귀게 된 데서 유래한다. 1919년 3월 국내에서 독립만세운동이 일어났을 때 모친 별세 기별을 받고 잠시 귀국했던 그는 상해에 임시정부가 수립된다는 사실을 알고 다시 중국으로 망명했다. 그는 1920년 4월 임시정부 재무부 서기가 되었고, 그 즉시 임시정부 산하의 무관학교에 입학하여 약 여섯 달 동안 훈련을 받았다.

1920년 8월 이현수는 임시정부의 지시를 받고 국내에 잠입했다. 그의 임무는 독립운동 관련 문서 배포, 독립공채 모집, 방한하는 미국 의원단에 한국인의 독립 의지를 알리는 일 등이었다.

국내에 들어온 그는 달성군 유가면의 이상철, 화원면의 임원조, 가창면의 이경만(147쪽 참조)에게 국내 연락기관 책임을 맡겨 활동하게 하는 한편, 외국인 선교사를 통해 미국으로 독립 청원서獨立請願書를 발송했다. 또 자신이 발행한 영문 잡지《자유》를 비밀리에 전국 각지의 선교사들과 언론사에 배포했다.

그는 또 달성군 달서면 출신의 정덕진丁德鎭과 함께 대구와 경북 각지의 친일파 군수, 면장 등 관리들과 부호들에게 경고문, 물품 불구매 고지서物品不購買告知書(일제와 친일파들이 판매하는 물품을 사지 않겠다는 통지서), 납세 거절 협박문納稅拒絶脅迫文 등을 발송하는 한편 이를 대구 부내府內(요즘의 시내) 길거리에 살포하여 반일 애국정신을 고취하고 독립군 군자금을 모집하는 일에 힘썼다.

1923년 1월 24일 일제 경찰의 포위망에 포착되었다는 사실을 미리 감지한 그는 일단 자수를 하였다. 이때 관련자 42명도 함께 체포되었는데 이현수는 1924년 5월까지 복역한 후 석방되었다.

1925년 4월 이현수는 장남 이정호李貞浩(1913~1990)를 데리고 다시 중국으로 갔다. 이현수는 김구가 1930년에 조직한 한국독립당 광동 지부의 상무위원으로 있으면서 기관지 《한성》을 발행했고, 1938년에는 무정부주의 단체 조선혁명자연맹과 공산주의 계열의 조선민족해방동맹이 남경에서 창립한 조선민족전선 산하의 군사 조직 조선의용대朝鮮義勇隊에 참여하였다. 그는 이 조직에서 기관지 편집위원회의 주임으로 일했다.

1942년 이현수는 조선의용대가 한국광복군에 참여하게 되자 임시정부의 외교연구위원에 선임되었고, 1943년에는 임시정부 법무부 차장을 맡았다. 그 후 1945년 1월에는 내무부 차장, 5월에는 한국광복군 총사령부 정훈처장을 맡았다.

장남 이정호도 1942년 10월 임시정부 의정원 경상도 의원에 선출되고, 1943년 외무부 총무과장, 1944년 외무부 정보과장 등을 맡아 독립운동에 매진했다. 당시 차남 이동호는 화북에 주둔 중인 조선의용대에서 활동하고 있었다.

1945년 해방을 맞아 3부자는 이산가족이 되었다. 환국한 이현수는 조선대중당을 조직하여 단독정부 수립 반대와 통일운동을 하였다. 1950년 전쟁이 일어났을 때 그는 행방불명이 되었는데 납북되었는지 월북했는지 분명하지 않다. 국가보훈부 누리집 독립유공자 공훈록에는 그의 이름이 없다.

1948년 총무처 정훈국장 등을 역임한 장남 이정호는 그 이후 영남대학교 영문과 교수로 근무했다. 정부는 1990년 그에게 건국훈장 애국장을 수여했다. 차남 이동호는 해방 후 북한으로 귀국하였다. ■

국가보훈부 공훈록에 '일제의 명성황후 시해 사건 이후 최초로 거의한(의병을 일으킨) 그의 봉기는 의병 활동을 전국적으로 확산시키는 데 기폭제 역할을 한 것으로서 의병사에 큰 의미를 갖는다.'라는 기술이 있다. 그는 과연 누구인가?

그는 본적이 '현풍 상동(국가보훈부 표현)'인 문석봉이다. 문씨세거지의 문영박 지사처럼 문석봉文錫鳳(1851~1896)도 문익점의 후손이다. 32세 때 조운漕運(세금으로 거둔 곡식 등을 배로 운반하는 일) 담당 관리로 있었는데, 목포와 무안 사이를 통과할 때 백성들이 굶주려 죽어가는 것을 보고 세곡을 풀어 구제했다. 그 일로 체포령이 떨어졌다. 문석봉은 정읍 방장산으로 도망가서 숨어 지냈다. 동생 문익봉文翼鳳이 형을 대신해 관아에 구금되었다.

문석봉은 "아무 죄도 없는 동생이 죽도록 내버려둘 수는 없다."면서 형조(법무부)가 발행한 양 가짜 공문서를 위조하여 동생이 풀려나도록 만들었다. 그 이후 현감 어병선 등이 조정에 상소문을 올려 문석봉이 백성을 구제한 것일 뿐 달리 죄는 없다고 진정하였다. 덕분에 문석봉은 산에서 나올 수 있었다. (이하, 문석봉 부분의 월 표시는 음력 기준임)

문석봉 생가터

문석봉은 경기도 과천군 포군장 등을 역임하던 1893년 5

월에 정식으로 무과에 급제하였다. 그해 12월 진잠 현감이 되었고, 이듬해 11월 양호 소모사兩湖召募使(전라도와 충청도 지역에서 군사를 모으는 관리)가 되었다. 그 후 1895년 2월 공주부 신영新營(새 군대)의 영장營將(장수)이 되었다.

그의 임무는 군사들에게 신식 훈련을 시키는 일이었다. 하지만 누군가가 '문석봉이 일본군을 공격하려 한다'고 모함하여 서울까지 끌려가 투옥되었다.

4개월의 감옥살이를 마친 후 6월에 풀려나고 사면도 되었지만 10월 8일 명성황후가 시해되는 비극을 맞이했다. 문석봉은 국모의 원수를 갚기 위해 11월 4일 공주 유성에서 의병을 일으켰다. 송근수, 신응조 등과 함께 창의한 조선 후기 최초의 의병으로, 이른바 '유성 의병'이었다.

12월 6일 문석봉은 200여 군사를 이끌고 회덕현을 급습, 무기를 다수 탈취하였다. 그 덕분에 300여 명을 무장시킬 수 있었다. 그러나 12월 14일 공주부 관찰사 이종원이 보낸 관군과 격돌했으나 대패하고 의병군은 해체되었다.

문석봉은 경상도로 내려와 재기를 모색하였다. 초계 군수 신태철은 '관에서 현상금으로 만금을 걸었으니 잠시 몸을 피해 뒷날을 도모하라.'고 걱정해주었지만, 고령 현감이 고변을 하는 바람에 1896년 1월 4일에 체포되고 말았다.

문석봉은 1월 8일 대구로 끌려와 옥에 갇혔다. 일본 공사 미우라 고로三浦梧樓는 조선인 관찰사에게 문석봉을 빨리 죽이라고 압력을 가했다. 문석봉은 독한 문초를 받으면서도 의병을 일으킨 정당성과 큰 뜻을 당당하게 설파했다.

　1896년 봄 문석봉은 처음 의병을 일으킬 때부터 동지였던 오형덕, 최은동과 함께 탈옥에 성공했다. 그들은 문석봉이 한때 포군장으로 재직했던 과천으로 갔다. 문석봉은 제천의 유인석 의병장과 힘을 합쳐 재기를 모색했다. 그러나 병이 깊어 활동이 불가능했다. 9월 18일 현풍에 돌아왔지만 12월 23일 46세의 나이로 운명했다.

　최초의 의병장 문석봉, 그의 파란만장한 생애가 눈물겹다. 그래서 인가, 어렵게 찾은 그의 생가 터 앞에서 한없이 애잔해진다. 그의 생가 터에 독립운동의 정신을 현창하는 멋진 기념물이 세워지기를 진심으로 소망한다. 아무런 표시도 없는 독립운동가의 유적지, 오늘도 문석봉 의병장의 생가 터(달성군 현풍면 성하길 68-7, 성하리 313) 에서 그것을 확인한다. ■

　그 동안 수십 차례 비슬산(유가면 유가사길 161, 유가면 양리 144 유가사, 유가면 휴양림길 228, 유가면 용리 4 소재사)을 드나들었지만 조기홍趙氣虹(1883~1945) 지사가 무기류를 감춰둔 채 때를 기다렸다는 사실에 대해서는 미처 알지 못했다. 오늘은 지사께 송구한 마음을 품은 채 천천히 산을 오르려 한다. 특히 유가사나 소재사에서 출발하는 알려진 등산로가 아닌, 좁고 소박한 산길을 걸을 것이다. 운수대통하여 지사께서 숨겨둔 무기를 한 점 발견할지도 모르는 일 아닌가. (《대구 독립운동유적 120곳 답사여행 1권》 참조 바랍니다.) ■

1456년, 단종의 왕위를 찬탈한 수양대군을 임금으로 인정할 수 없었던 성삼문, 박팽년, 하위지, 이개, 유성원, 유응부 등은 세조를 몰아내려다가 오히려 죽임을 당한다. 이때 사육신의 남자 직계 후손은 모두 처형된다. 단 한 사람, 박팽년의 손자인 박일손만 살아남는다. 당시 어머니의 뱃속에 있었던 그는 딸이 태어난 것으로 속이는 데 성공, 간신히 생명을 유지한다.

하엽정

그의 후손인 박용규朴龍圭(1906~?)가 서울 중앙고등보통학교 5학년에 다니고 있던 1926년 4월 26일 순종이 세상을 떠난다. 순종의 장례일인 6월 10일을 맞아 독립만세운동을 다시 일으킬 움직임이 곳곳에서 움텄다. 실제로 의거를 일으키는 데 성공한 쪽은 학생들이었다.

학생들 중 박용규, 곽재형, 김재문, 이동환, 황정환 등은 5

월 16일과 5월 23일 두 차례 회동 후 6·10만세운동을 일으키기로 결의했다. 그들은 5월 30일 박용규의 하숙집에 모여 격문 5만 장을 인쇄하여 전국 각지의 학교들에 우송하는 한편 6월 10일에는 오전 8시 순종의 상여가 지나가는 단성사 앞에서 군중들에게 뿌렸다. 이때 중앙고등보통학교 학생 300여 명이 "대한독립만세!"를 외치면서 함께 격문을 배포했다. 이 일로 박용규는 1927년 4월 1일 경성지방법원에서 징역 1년을 언도받고 서대문형무소에서 옥고를 치렀다.

그의 생가 터는 달성군 하빈면 묘리 805(묘동4길 6-30)이다. 국가민속문화유산인 삼가헌이 생가터 바로 옆 묘리 800(묘동4길 15)에 있다. 지사의 생가 터를 답사하면서 1769년(영조 45) 건물인 삼가헌을 아니 둘러볼 수는 없다. 박용규 지사가 어릴 때 뛰어놀았던 삼가헌 안뜰이며 하엽정 앞 연꽃 연못을 바라보면서 목청껏 "대한독립만세!"를 외치는 그를 추모한다. 문득 그가 불쑥 출현, 삼가헌을 찾아온 답사자들에게 따뜻하게 손을 내밀어줄 것만 같다. ■

1921년 12월 조선어학회의 전신인 조선어연구회가 창립된다. 구한말에 일어났던 한글운동이 3·1운동을 겪으면서 다시 점화된 것이다. 1929년 10월에는 조선어사전편찬회도 조직된다.

1931년 만주사변을 일으킨 일제는 중국 본토 침략의 야욕에 사로잡힌 채 조선 민족을 더욱 심하게 핍박했다. 조선 민족의 정신을 말살하기 위해 조선어 교육을 단계적으로 폐지해가던 일제는 1941년 '조선 사상범 예방 구금령'을 공포하여 언제든지 독립운동가를 검거할 기반을 만들었다.

이런 정치상황 속에서 조선어학회는 1942년 4월 일부 편찬된 사전 원고를 출판사에 넘겼다. 그 무렵 함흥 영생고등여학교永生高等女學校 학생 박영옥朴英玉이 기차 안에서 친구들과 한국말로 대화하다가 조선인 경찰 안정묵安正默에게 들켜 취조받는 사건이 일어났다. 경찰은 여학생들에게 민족의식을 심어준 사람이 정태진丁泰鎭이고, 그가 서울에서 조선어사전을 만들고 있다는 사실을 알게 됐다.

조선 최고의 지식인들을 한꺼번에 잡아들임으로써 한글운동의 부활을 원천적으로 차단할 수 있는 기회를 포착한 일제 경찰은 이듬해 4월 1일까지 이중화, 장지영, 최현배 등 33명을 검거하고, 48명이나 되는 증인들을 혹독하게 취조했다.

12월 8일 이윤재가 옥중에서 사망했다. 1944년 2월 22일에는 한징이 또 옥사했다. 함흥지방재판소의 재판은 1944년 12월부터 1945년 1월까지 9회에 걸쳐 계속되었다. 이극로 징역 6년, 최현배 징역 4년, 이희승 징역 2년 6개월, 정인승·정태진 징역 2년, 김법린·이중화·이우식·김양수·김도연·이인 징역 2년 집행유예 3년, 장현식 무죄가 각각 언도되었다. 투옥되었던 사람들은 1945년 8월 17일 모두 풀려나왔다.

조선어학회 사건으로 감옥에 갇혀 있던 중 옥사한 이윤재 선생의 묘소가 달성군 다사읍 이천리 산48번지에 있었다. '있었다'고 말하는 것은 그 후 없어졌기 때문이다. 하지만 2013년 9월 28일에 국립묘지(대전 현충원)로 이장되었으니 아쉬워할 일은 못된다.

그러나 묘소 옆에 있던 묘비가 없어진 것은 못내 아쉬운 일이다. 국립묘지로 간 것이 아니라 다른 곳에서 가져갔기 때문이다. 2016년 10월 8일 선생의 고향 김해로 옮겨진 묘비는 멋진 제막식의 대접까지 받았다.

이윤재 선생의 한글 묘비

숭덕학교 교사로 있으면서 1919년 만세운동을 주도한 죄로 1년 6개월 동안 평양 감옥 투옥되고, 1926년 무장 항일 투쟁을 독려하는 '허무당 선언' 유인물을 배포한 혐의로 수배된 윤우열을 집에 숨겨두었다가 고초를 겪고, 민족의식을 고취하는 수양동우회 활동으로 1937~8년에 걸쳐 1년 이상 서대문형무소에 갇혀 지내고, 이윽고 조선어학회 사건으로 고문을 당한 끝에 옥중에서 숨을 거둔 독립투사 이윤재 선생….

이제 대구에는 아무것도 남기지

않으셨다. 묘터 빈 자리 둘레에는 멧돼지가 할퀸 깊은 상처만 여기저기 어지러울 뿐이다. … 안타깝다.

지금까지 대구광역시 동구, 북구, 수성구, 달성군 소재 독립운동 유적을 답사하였습니다. 그래서 책 제목이 《대구 독립운동유적 120곳 답사여행 2 - 동구·북구·수성구·달성군 편》이 되었습니다. 《대구 독립운동유적 120곳 답사여행 1 - 달서구·남구 편》과 《대구 독립운동유적 120곳 답사여행 3 - 중구·군위군 편》은 별도로 발간됩니다. 세 권의 책은 《대구 독립운동유적 100곳 답사여행》(대구시 선정 2019년 '올해의 책')의 수정·증보판입니다.

이 책 《대구 독립운동유적 120곳 답사여행 2 - 동구·북구·수성구·달성군 편》은 1936년 일장기 말소 의거를 일으킨 독립유공자이자 '운수 좋은 날'과 '고향'의 "참작가" 현진건을 현창하기 위해 활동하는 현진건학교 회원들이 매달 발간하는 《빼앗긴 고향》의 제 21호입니다. 현진건학교 회원이 되시면 《빼앗긴 고향》에 글을 발표하실 수 있습니다. 179쪽 참조 바랍니다. 다음 쪽부터는 그 견본으로 현진건학교 회원들의 글을 수록합니다.

 현진건 장편소설 〈적도〉 * 181
 중문 〈적도(김미경)〉 * 188
 영문 〈적도(김해경)〉 * 194
 나는 현정건이다(최영) * 204
 현진건과 김성순의 경주여행 * 206
 산과 나(정기숙) * 212

장편소설 : 연재

적도 ■ 현진건

  (지난 줄거리) 여해가 죄수 생활을 마치고 석방된다. 영애가 감옥 정문에서 기다리고 있다. 두 남녀는 본래 연인 사이였다. 영애가 돈 많은 다른 남자와 혼인을 하자, 여해가 그녀의 남편을 칼로 찔렀다.
  그런 사연을 가진 남녀가 감옥 앞에서 재회한다. 영애는 여해를 자기 집으로 데리고 온다. 남편의 허락은 이미 받아 두었다. 남편은 여해가 일할 만한 직장을 구하겠다는 약속도 했다.
  영애의 승용차를 타고 그들 부부의 집에 들어선 여해는 으리으리한 저택이 그저 낯설기만 하다. 영애와 여해가 이윽고 나란히 앉았다. 둘이 앉으면 할 말이 쏟아질 것 같았는데 막상 그런 자리가 펼쳐지니 어색한 침묵이 흐를 뿐이다.
  여해가 담배를 달라면서 침묵이 끝나고, 영애가 아침 밥상을 차려서 내놓는다. 이른바 진수성찬이다. 음식을 허겁지겁 삼키던 여해가 막 숟가락을 내려놓으려는 찰나 제 엄마를 찾는 아기의 울음소리가 들려온다. 유모가 영애의 세 살짜리 딸 명희를 데리고 온다. 명희가 여해의 이마에 있는 흉터를 가리키며 "이게 뭐냐?"고 묻는다. 여해와 영애는 흉터와 관련이 있는 과거의 기억을 떠올린다. * 이 글은 현진건 〈적도〉의 원문 그대로가 아니라 요즘 독자가 읽기 쉽도록 살짝 현대문화한 것입니다. 따라서 연구자료로는 쓸 수 없습니다.

껑충 뛴 말발굽과 번쩍이는 ○○(검열로 지워진 표시)의 무지개가 반공에 솟았다가, 눈 한번 깜박일 겨를도 없이 그들의 행렬 앞에 떨어졌다.
  영애는 여학생 대열의 앞장에 서서 깃발을 들고 있었다. 이때 여해는 여학생 대열을 옹위하는 남학생 대열의 앞장에 있었다. 그 아슬아슬한 순간에 여해가 영애의 앞을 막아선다.
  여해의 이마에 붉은 피가 콸콸 쏟아진다. 찢어진 눈과 벌어진 입의 소용돌이, 팔과 다리를 풀잎같이 날리는 회오리바람! 흥분과 혼란의 물결 속에서도 그들은 둘만의 세계를 이루었다. 영애의 손수건은 여해의 상처를 눌렀다. 순식간에 그 흰 수건은 새빨개진다. 핏물은 영애의 손가락 사이로 넘쳐 오른다.
  그녀는 수건을 버리고 치마폭을 뜯어서 그것으로 피를 막는다. 그러면서 그녀는 한 손으로 상처를 막고, 다른 한 손으로 뒤통수를 안는 듯이 잡아 앞뒤로 지그시 누른다. 그래도 피는 멈출 기색이 없다. 치마폭도 피로 금세 질척하게 젖는다.
  영애의 손이 떤다. 영애의 마음도 떤다. 여해의 붉은 피는 그녀의 수건을 적시고, 그녀의 치마를 적시고, 그녀의 몸을 적시고, 그녀의 혼을 적신다. 피는 그녀의 심장 속 깊은 곳까지 스며든다. 감격에 뛰는 두 가슴에 새빨간 사랑의 꽃봉오리가 피어난다. 1919년 3월 봄이다.

  명희의 무심한 손길이 닿은 데가 바로 그 흉터다. 그 때의 그 상처다.
  찌그러진 푸른 점이 떠는 듯한 그 흉터! 그 때 둘의 가슴에 빛나던 그 감격도 그 흉터와 같이 찌그러져 붙고 말았다. 새빨갛게 피어나던 사랑의 싹도 두 심장 어느 구석에 손톱자국만한 푸른 점을 남겼을까······.

영애는 고개를 빠뜨린 채 멍하게 방바닥만 내려다본다. 마치 지난날의 가지가지 광경이 장판을 영사막으로 삼아 활동사진(역자 주: 영화)처럼 떠오르는 것 같다. 그의 눈에서 눈물이 떨어진다. 몇 방울 또닥또닥 소리를 내며 기름먹인 장판 위에 구르다가 한군데로 도드라지며 모인다.

북받친 감정을 가라앉히려고 숨을 들어 마시던 영애는 고인 물방울을 손가락으로 저으며 이리저리 그려본다. 지나간 날의 기억을 눈물 위에 적어 두려는가. 획과 글자 모양이 제대로 꼴을 이루기도 전에 너무도 덧없이 속절없이 흐려지는 사랑의 글씨!

여해도 명희를 슬그머니 무릎에서 내려놓았다. 어눌한 손짓으로 담배 한 개를 또 붙여 문다. 그는 '후, 휘!' 하고 내어 뿜은 연기가 흩어져가는 방향을 멀거니 바라본다.

갑자기 변한 어른들의 태도에 명희의 눈은 똥그래졌다. 어머니와 손님의 얼굴을 몇 번 두리번두리번 번갈아 보다가 다리를 쭉 뻗고 별안간 '응애!' 하고 소리 내어 운다. 명희는 제가 울어도 아무도 아는 체 하지 않는 것이 더욱 수상한 듯, 감았던 눈을 떠서 힐끗힐끗 어른들을 또 번갈아 보다가, 무서운 느낌이 와락 난 것같이, '엄마, 엄마!' 부르며 그대로 영애에게 뛰어든다.

영애는 아이를 밀쳐낼 근력도 없는 듯하였다. 두 팔로 방바닥을 짚은 채 아직도 '흑, 흑!' 흐느낀다. 명희는 팔 사이로 기어 들어 먼저 젖통을 부둥켜 쥔다. 제 젖이 무사한 것을 시험해 보려는 것처럼 몇 번 쭉쭉 빨아 보고, 그제야 안심하는 듯하였으나 암만해도 어른들의 태도가 마음에 캥기는지 젖을 빨다가 말고 돌아보고 또 돌아본다.
'찌걱찌걱-'
창밖에서 구두 소리가 들리었다.

[3] 아귀

"아이, 언니가 내 방엘 오셨네."
곱고 쾌활한 목소리와 함께 미닫이가 잡아 제치는 듯 열린다. 영애의 시누이 박은주가 학교에서 돌아온 것이다.
은주는 문지방 밖에서 허리를 굽혀 늘 하는 버릇으로 책보를 제 책상에 홱 집어던지려다가 말고 힐끗 아랫목에 앉은 여해를 보더니,
"오라버님이 나오셨구료."
하고 영애에게 고개를 돌리며 '얼마나 기쁘냐'라는 듯이 웃어 보인다. 영애는 법률 위반으로 징역을 살던 제 사촌 오빠가 오늘 출옥한다고 미리 은주에게 말해두었었다.
영애는 명희를 안은 채로,
"그 방이 따뜻하지를 않아서 아가씨 방엘 왔지."
라고 변명부터 먼저 한다. 은주가,
"괜찮아요!"
하다 말고 영애의 어룽진 눈 가장자리를 바라보며,
"아이, 언니가 우셨네, 너무 기뻐서?"
하며 또 한 번 웃어 보인다.
영애는 손등으로 눈을 씻으며 여전히 미안해 한다.
"지금 막 방을 옮기려 했어요."
은주가,

"천천히 옮기셔도 괜찮아요. 난 동무 집엘 놀러나 갈 거예요."
하며 고개만 방 안으로 들여 밀고는 책보를 간신히 책상 위에 올려놓으며 여해에게 꾸뻑 고개를 까닥여 한 번 한다.

영애는 유모를 불러 명희를 맡기고는,
"놀러가지 말고 들어와."
하며 시누이를 끌어들인다. 그녀는 여해와 단둘이 다시 앉아 있기가 어쩐지 무서웠다. 그는 쾌활한 시누이를 끌어들여 따분한 방안의 공기를 헤쳐 보려는 것 같았다.

"싫어요!"
은주는 다시 뜰로 내려 서려 한다.
"들어가자니깨!"
영애가 은주의 팔을 당긴다. 시누이는 올케가 이렇게 힘이 센 줄은 처음 알았다. 물에 빠지는 사람이 지푸라기라도 부여잡듯이 영애는 은주를 잡아 끄는 것이다.

"아유, 아파……."
시누이는 올케가 잡았던 부위를 어루만지면서 엄살을 부리다가 마지못해 방안으로 들어온다. 설명한(가늘고 긴) 두 다리가 성큼 문지방을 넘어서더니, 여해에게 또 한 번 꾸벅 절을 하고 그대로 꿇어앉는다. 목단화 송이 같이 부글부글한 그녀의 얼굴 덕분에 방안이 환해진다.

장난꾸러기가 어른 앞에 나앉은 것처럼, 차리기는 차리면서도 장난하던 것을 생각하고 제 동무를 눈짓하며 웃듯이 그는 영애와 눈짓을 하며 싱글싱글 웃는다. 그는 까닭 없이 웃음이 터져 나와 견딜 수 없었다. 여해가 엉거주춤하고 똑바로 자기만 보는 모습도 우습고, 영애의 시치미를 뚝 떼고 도사린 폼도 우습고, 더구나 제가 차리고 있는 꼴이 우스웠다.

그는 이 실없는 웃음을 풍기지 않으려고 입을 꼭 다물어본다. 입을 다물면 다물수록 웃음은 삐죽삐죽 입술을 벌리고 나오려고 몸부림을 친다. 그는 웃음을 참노라고 옆댕이로 고개를 돌렸다. 마치 뻣뻣한 나무를 억지로 구부려놓은 듯이 어설프게 꿇어진 제 종아리가 눈에 띄었다.

결국은 막았던 물이 터지듯 참았던 웃음이 기어이 쏟아지고 말았다. 웃음에 구를 듯하는 몸을 억지로 지탱을 하노라니, 간까지 자지러지는 듯하다. 그는 겨우 웃음을 멈추면서 저린 발목을 꼬집어보았다. 접힌 발이 마치 토끼 귀 모양으로 너부시 방바닥에 눌린 것이 또 눈에 띄고 말았다.

웃음은 또 터졌다. 그는 발끝에 손가락을 디밀어 넣어보고 올케를 눈짓하며 웃는다. 그 눈짓은,

'이걸 좀 봐요, 이걸 보고도 아니 웃고 배기겠는가?'

하는 듯하였다.

그 신선한 웃음, 아무 까닭 없고 죄 없는 웃음! 문도 웃는다, 벽도 웃는다.

영애도 손으로 입을 가리었다. 웃음 빛에 방안의 공기는 춤을 추는 듯하다. 여해만 웃을 줄을 몰랐다. 그의 눈은 은주에게 매어놓은 듯이 움직이지 않는다. 그 눈길은 홀린 듯하다. 그러나 어여쁘고 아름다운 것을 보고 황홀히 넋을 잃은 눈길은 아니다. 야릇한 갈증과 식욕에 타는 듯한 눈길이다.

웃음을 담북 머금은 그 시원한 눈을 맑은 물처럼 한 모금 들이켜고 싶은 것 같다 햇사과같이 아른하게 붉은 두 뺨, 털복숭아같이 몽실몽실한 턱을 아삭 베어 물고 싶은 것 같다.

그는 담배 한 개를 또 붙였다. 정신 놓고 한참 피우다가 재를 떤다. 눈이 은주에게 팔린 탓으로 재를 헛떨어 재는 재떨이

를 뛰어넘어 방바닥에 굴렀다. 은주의 진정하려던 웃음은 이 담뱃재를 보고 또 터졌다.
 복받치는 웃음은 이번에야말로 정말 견딜 수 없는 모양이다. 올케의 등 뒤쪽에 숨으며 어린애 모양으로 요란하게 웃었다.
 "담배 떠는 게 그렇게 우스워?"
 여해도 이번에는 아니 웃을 수 없다는 듯이 입 한 쪽을 움직여 보인다.
 "우습지 않고……."
 은주는 그대로 여해의 말을 되받다가 제 말이 너무 버릇없이 나온 것이 또 우스웠다. 그는 무안한 장면을 벗어나려는 동작으로 올케를 쿡쿡 찌르면서 또 한바탕 웃었다.
 영애는 등 뒤에 숨은 다 큰 애기를 꺼내는 시늉을 하며 여해를 위해 변명하듯,
 "감옥에서는 담배를 피우지 못해요. 그러니 모든 것이 서투시지."
한다. 은주는 간신히 바로 앉았다.
 "감옥에서는 담배도 못 피우나?"
 "그럼요, 가끔 몰래 피우지만 들키면 큰 벌을 준대요."
 "담배 피운 벌?"
 "그럼… 죽도록 맞고, 밥 먹을 때도 수갑을 채운대."
 영애는 아까 여해에게 얻어들은 지식을 앵무새 모양으로 되풀이한다.
 "수갑은 또 뭔구?"
 "죄수들이 손에 자물쇠 같은 것을 차지 않아요?"
 "손에 자물쇠를 차다니요? 그럼 손을 어떻게 놀려서 숟가락질을 해요?"

"그러기에 큰일이지."

"정말 그래?"

은주는 눈을 호동그렇게 뜨고 묻는 듯이 여해를 바라본다. 여해가 얼른 대답을 하지 않으매 은주는 조금 짧은 듯한 윗입술을 남실남실하다가,

"선생님!"

하고 불러 버렸다. 그는 여해를 무어라고 불러야 좋을지 몰라 한동안 망설인 것이다.

"선생님! 감옥에서는 정말 담배를 피워도 벌을 줘요?" (다음 호에 계속)

赤道 ▌ 金美庆

[前情提要] 如海刑满出狱了。英爱在监狱正门等着他。男女两人本来是恋人关系。英爱嫁给另一个有钱男人后, 如海用刀捅了她的丈夫。

有着这种前缘的男女在监狱前重逢。英爱把如海带到自己家里来。她的丈夫不仅同意了这件事, 还承诺帮如海找到适合的工作。

如海乘坐英爱的轿车进入他们夫妇家, 对金碧辉煌的住宅感到陌生。英爱与如海并排坐着。两人不在一起时以为如果再见面似乎会有很多话要说,但真的演变为这样的场景后,两人却只能陷入尴尬的沉默。

如海说要烟, 沉默被打破了。英爱将早餐摆上了桌。这就是所

> 谓的山珍海味。狼吞虎咽的如海正要放下勺子的时候，听到了孩子寻找妈妈的哭声。保姆带着英爱的三岁女儿明姬进来了。明姬指着如海额头上的疤痕问道："这是什么？"如海和英爱回忆起过去与疤痕有关的事情。

腾跃的马蹄和闪亮的○○（译者注:因审查被抹去的标志）的彩虹在半空中升起，却连眨眼的时间都没有，就掉到了他们的队伍前面。
英爱举着旗帜站在女学生队伍的前排。这时如海站在护卫女学生队伍的男学生队伍的前面。在那惊险的瞬间，如海挡在了英爱的面前。
如海的额头上鲜血淋漓。破了的眼睛和张开的嘴的漩涡，胳膊和腿像草叶一样飞舞的旋风！在激动和混乱的浪潮中，他们陷入了属于两个人的世界。英爱用手绢压住了如海的伤口。刹那间，那条白毛巾就变红了。血水从英爱的指缝溢出。
她扔掉毛巾，撕开裙边，用它来止血。她用一只手捂住伤口，另一只手像抱着后脑勺一样前后按压。尽管如此，血还是没有止住的迹象。裙摆也很快被血浸透了。
英爱的手在颤抖。英爱的心也在颤抖。如海的红血浸湿了她的毛巾，浸湿了她的裙子，浸湿了她的身体，浸湿了她的灵魂。血渗透到她的心脏深处。激动地跳动的两个胸口里绽放出鲜红的爱情花蕾。那是1919年3月的春天。

明姬不经意间接触到的地方就是她的伤疤。就是那个时候的伤疤。那扭曲的绿点浮起来的那个疤痕！当时两人心中闪耀的那份感动也像伤疤一样扭曲着。鲜红的爱情的萌芽也在两颗心脏的哪个角落留下了指甲印大小的绿点……

英爱低着头呆呆地望着地板。仿佛过去的种种情景就像把地板当作电影放映场地的活动照片（译者注：电影）一样浮现。眼泪从他的眼睛里滑落。几滴泪水滴滴答答地在上了油的地板上滚动，然后汇集到了一处。

为了平复涌上心头的感情，英爱用手指划着水珠画着什么。难道要把过去的记忆写在眼泪上吗？笔画和字样还没完全形成，就变得模糊不清的爱情字迹！

海也悄悄地把明姬从膝上放了下来。他用笨拙的手势又点了一支烟，"呼，呼！"地望着喷出的烟消散的方向。

察觉到大人们突然变化的态度，明姬瞪大了眼睛。她反复来回看着妈妈和客人的脸，伸直双腿，突然"嗯啊！"地哭了起来。明姬好像觉得奇怪：即使我哭了，似乎也没有人知道。她睁开闭着的眼睛，又轮番看向大人们，好像突然感觉到了害怕，喊着"妈妈，妈妈！"就直接跳向英爱。

英爱似乎连推开孩子的力气都没有。她用两只胳膊撑着地板，还在呜咽着："呜，呜！"明姬从妈妈的双臂之间爬进来，先抱住妈妈的乳房。就像要试一试自己的乳汁平安无事一样，一直吸了几次，这才好像放心了，但大人们的态度却让她心惊胆战，吮吸着乳汁又回头看。

"咯吱咯吱"

她听到窗外有皮鞋声。

[3] 饿鬼

"哎呀，姐姐来我的房间了。"

伴随着悦耳快活的声音，推拉门被打开了。英爱的小姑子朴恩珠从学校回来了。

恩珠在门外弯腰，习惯性地把书包扔到自己桌前，不料一看坐在炕头的女子："哥哥来了。"

她把头转向英爱，心里似乎非常高兴地笑着说。英爱事先告诉恩珠，因违反法律而服刑的表哥今天出狱。

英爱抱着明姬："那个房间不暖和，所以带着孩子来了。"

恩珠没有说"没关系"，而是望着英爱泪迹斑斑的眼睛边缘再次笑了："哎呀，姐姐哭了，是因为太高兴了吗？"

英爱用手背擦了擦眼睛，仍然觉得很抱歉。

"现在刚要换房间。"

恩珠这样说着，只把头伸到房间里，勉强把书包放在桌子上，向如海点了点头："慢慢搬也没关系。我要去同志家玩。"

英爱委托保姆照看明姬，又把小姑子拉进来："别去玩了，进来吧。"

不知怎么的，她很害怕再单独和如海坐在一起。她似乎想拉快活的小姑子进来，以驱赶房间内无聊的空气。

"讨厌！"

恩珠要回到院子里。

"进去呀！"

英爱拽着恩珠的胳膊。小姑子第一次知道嫂子力气这么大。英爱拉着恩珠，就像落水的人抓住救命稻草一样。

"哎哟，好疼……"

小姑子摸着嫂子抓过的部位，装模作样地走进房间。两条腿匆匆（细和长）地跨过门槛，再次向如海鞠躬并跪下。多亏了她那朵牡丹花似的脸庞，房间才变得明亮起来。

就像淘气包在大人面前一样，他一边打扮一边想着开玩笑的样子，一边使眼色一边笑，她和英爱眉来眼去，笑得很开心。她无缘无故地笑了起来，禁不住笑了起来。如海踌躇不前，只看着自己的样子也觉得可笑，英爱装模作样，盘踞的姿态也觉得可笑，更让自己觉得她打扮的样子很可笑。

他紧闭着嘴，以免露出这傻笑。可越是闭着嘴，笑容就越是想挣扎着逃出双唇发出声来。他把头转向旁边，忍住笑。就像把僵硬的木头硬弯曲一样，小腿笨拙地跪了下来，映入眼帘。

最终，像堵住的水突然迸发出来一样，强忍着的笑容终于爆发了出来。勉强支撑着笑着的身体，连肝都快被笑出来了。他勉强停止了笑，招了一下发麻的脚踝。折叠的脚像兔子耳朵一样被压在地上。

笑声又爆发了。她试着把手指伸进脚尖，给嫂子递眼色，笑了。那眼神儿好像是这么说的："你看这个，看这个也能忍住笑吗？"

那新鲜的笑容，无缘无故的清白笑容！门也笑，墙也笑。

英爱也用手捂住了嘴。

房间里的空气在欢笑中翩翩起舞。

只有如海不会笑。他的眼睛像绑在恩珠身上一动不动。那眼神好像被迷惑了。但这并不是看到美丽的事物而失魂落魄的眼神。眼神中充满了干渴和食欲。

那含着笑容的清澈的眼睛，像清水一样让人忍不住想喝一口。像新鲜苹果一样红扑扑的双颊，像毛桃一样软乎乎的下巴，好想咔嚓咔嚓地咬住。

他又点了一支烟，想打起精神，抽了很长时间。因为他目不转睛地盯着恩珠，所以忘了抖落烟灰，烟灰跳过烟灰缸，滚到了地板上。恩珠想镇定下来的笑声在看到烟灰后又爆发了。

无法抑制涌上心头的笑容，看来这回真受不了了。她躲在嫂子的背后，像小孩一样大声笑。

"抽烟有那么可笑吗？"

这一次，如海也似乎无法不笑地动了动嘴的一角。

"难道不好笑……"

恩珠直接反驳如海的话，这样说话太没礼貌了，真是可笑。他用摆脱尴尬场面的动作推了推弟媳，又笑了一阵。

英爱装出一副躲在背后的孩子的样子，像是为如海辩解似的："监狱里不允许吸烟。所以一切都很生疏。"

恩珠好不容易坐直了。

"在监狱里连烟都不能抽吗？"

"当然了，虽然偶尔会偷偷抽烟，但是被发现的话会有很严重的惩罚。"

"吸烟的惩罚？"

"当然……被打得死去活来，吃饭的时候也被戴上手铐。"

英爱像鹦鹉学舌一样重复着刚才从如海那里听到的话。

"手铐又是什么？"

"囚犯们手上不戴锁吗？"

"所以出大事了。"

"真的吗？"

恩珠瞪大眼睛疑惑地望着如海。如海没有马上回答，恩珠胖乎乎的上唇稍显短小。她叫了起来："先生？"

她犹豫了一阵，不知道怎么称呼如海为好。

"先生！在监狱里吸烟真的也要惩罚吗？"[下期继续][72]

---

[72] 번역 감수(翻译鉴书)：류춘양, 무한대학교 박사생 지도교수(刘春阳, 武汉大学 博士生导师) / 번역 도움(翻译辅助)：장이, 중국 사천사범대학교 학사; 석사

Red Road ■ 김해경

(past story) Yeo-hae is released after serving as a prisoner. Young-ae is waiting at the main gate of the prison. The two men and women were originally lovers. When Young-ae married another rich man, Yeo-hae stabbed her husband with a knife.

A man and a woman with such a story meet again in front of the prison. Young-ae brings Yeo-hae to her house. She has already received her husband's permission. The husband also promised to find a suitable job for Yeo-hae.

Yeo-hae, who entered Young-ae and her husband's house in Young-ae's car, found the luxurious mansion to be unfamiliar to him. Young-ae and Yeo-hae soon sat down side by side.It seemed like there would be a lot of things to say if it weren't for the two of us, but when it actually happened, there was just awkward silence.

The silence ends when Yeo-hae asks for a cigarette, and Young-ae prepares and serves breakfast.It's a so-called sumptuous feast. Just

졸업, 경북대학교 중어중문학과 박사 수료(张翼, 庆北大学中文系博士课程已修)

as he was swallowing his food and was about to put down his spoon, he heard the sound of a baby crying for its mother.A nanny brings Yeong-ae's three-year-old daughter Myeong-hee. Myeong-hee points to the scar on Yeo-hae's forehead "What is this?" Myeong-hee asks. Yeo-hae and Young-ae recall past memories related to the scar.

A rainbow of leaping horse hooves and sparkling ○○(translator's note: marks erased by censorship) rose up in front of the crowd and fell in front of their procession without even having time to blink.

Yeo-hae was standing at the front of the female student line and holding the flag. At this time, Yeo-hae was at the front of the male student line defending the female student line. At that critical moment, Yeo-hae blocked Young-ae's path.

Red blood gushes from Yeohae's forehead. A whirlwind of torn eyes and gaping mouths, a whirlwind that blows arms and legs like blades of grass! Even in the waves of excitement and confusion, they created their own world. Yeong-ae's handkerchief pressed Yeohae's wound. In an instant, the white towel turned bright red. Blood overflowed between yeong-ae's fingers.

She throws away the towel, rips open the skirt, and uses it to stop the bleeding. She covers the wound with one hand and holds the back of the head with the other hand, pressing it back and forth as if she were hugging it. Still, the bleeding shows no sign of stopping. The skirt quickly becomes soggy with blood. It gets wet.

Yeong-ae's hands tremble. yeong-ae's heart also trembles. Yeohae's red blood wets her towel, wets her skirt, wets her body, and wets her soul.The blood seeps deep into her heart. A bright red bud of love blooms in the two hearts that beat with emotion. It is spring in March 1919.

The scar is where Myeong-hee's indifferent touch touched it. It is the scar from that time.

The scar that looked like a trembling, distorted blue dot! The emotion that had shone in their hearts at that time was also crushed and stuck like the scar.In which corner of the two hearts did the bright red bud of love leave a blue dot the size of a fingernail mark? ⋯ .

Yeong-ae looks down blankly at the floor with her head down. It seems as if various scenes from the past appear in motion pictures (Translator's Note: Movie) using the floor as a projection screen. Tears fall from his eyes. A few drops roll on the oiled floor, making a pattering sound, and then gather in one place.

Yeong-ae who was taking a breath to calm down her overwhelmed emotions, stirred the accumulated water droplets with her fingers and drew them here and there. Who wants to write down the memories of days gone by on tears.The letters of love blur so fleetingly and helplessly before the strokes and letter shapes are even properly formed!

Yeohae do quietly put Myeong-hee off his lap.He lights up another cigarette with a slurred hand gesture.He looks from a distance in the direction where the puffed smoke is dispersing, puffing 'Whoo, whoo!'

Myeong-hee's eyes turned dark at the sudden change in the adults' attitudes. She looked back and forth between her mother and the guest's face a few times, then stretched out her legs and suddenly cried out loud, 'Ugh!' Myeong-hee seemed even more suspicious that no one pretended to notice even when I cried, so she opened her closed eyes and glanced at the adults in turn. Then, as if overcome by a feeling of fear, she jumped at the young-ae, calling out, 'Mom, mom!'

It seemed like yeong-ae didn't even have the strength to push the child away. She was still sobbing with both arms on the floor.Myeong-hee crawls between her arms and first grabs the breast.

She sucks it a few times as if to test that her breast is okay, and only then does she seem to feel relieved. However, she seems to be annoyed by the adults' attitude, so she stops sucking the breast and looks back again. see.

'Crackling crackling-'

The sound of shoes was heard outside the window.

[3] Anglerfish

"Hey, your sister came to my room."

With a beautiful and cheerful voice, the sliding door opens as if being pushed aside. Young-ae's sister-in-law, Park Eun-ju, has returned from school.

Eun-joo bent down outside the threshold and was about to throw the booklet on her desk, as was her habit, but instead, she glanced at Yeo-hae sitting on her lower leg.

"Your brother has come."

She turns her head to Young-ae and smiles as if to say, 'How happy I am!' Young-ae had already told Eun-ju that her cousin, who had been serving time in prison for violating the law, would be released from prison today.

Young-ae was holding Myung-hee,

"I came to your room because it wasn't warm."
Eun-joo makes an excuse first.
"I'm fine!"
Then, looking at the corner of yeong-ae's squinted eyes,
"Oh my, you cried, are you so happy?"
And she smiles again.
Yeong-ae wipes her eyes with the back of her hand and still feels sorry.
"I was just about to move rooms."
Eunjoo,
"It's okay if you move slowly. I'm going to go out to my friend's house."
She pushed her head into the room, barely placed the bookshelves on the desk, and nodded at Yeo-hae once.
Young-ae called a nanny and left Myeong-hee in her care.
"Don't go out to play, come in."
She said, pulling her sister-in-law in. She was somehow scared to sit alone with Yeo-hae again. It seemed like she was trying to break the dull atmosphere of the room by dragging her cheerful sister-in-law in.
"No, I do not want!"
Eun-ju tries to go down to the yard again.
"Let's go in!"

Young-ae pulls Eun-ju's arm. The sister-in-law has never known her sister-in-law to be this strong. Just like a drowning person clutches at a straw, Young-ae pulls Eun-ju out.

"Wow, it hurts……."

The sister-in-law caresses the area where her sister-in-law had grabbed it and then reluctantly enters the room.Two long, thin legs quickly cross the threshold, bow to Yeohae again and kneel down. Her face, as bubbling as a bunch of cotton blossoms, brightens the room.

She smiles, making eye contact with Yeong-ae , just like a prankster sitting in front of an adult, thinking about how she was playing around while preparing her own clothes, and looking at her companion and smiling. She burst out laughing for no reason and couldn't bear it. It was funny how Yeo-hae hesitated and just looked at her, the way Young-ae showed off her flirtatious behavior was funny, and even more so, the way she was polite.

She tries to keep her mouth shut to keep from laughing. The more she closes her mouth, the more the smile struggles to come out of her pouting lips. She turns her head to the side to hold back her laughter. It's like forcing a stiff tree. Her calves, bent awkwardly, were noticeable.

In the end, the laughter she had been

suppressing came pouring out, like blocked water bursting. As she tried to support her body, which was about to roll over from laughter, even her liver felt like it was falling apart. She finally stopped laughing and pinched her numb ankle. saw. She again noticed that her folded feet were pressed against the floor in the shape of rabbit ears.
Laughter broke out again. She pushed her fingers into her toes and smiled as she glanced at her sister-in-law. That glance,
Look at this. Wouldn't you be laughing if you saw this?'
It seemed like she was doing it.
That fresh laughter, laughter without any reason and without sin! The door smiles, the walls smile too.
Yeong-ae also covered her mouth with her hand. The air in the room seems to dance in the light of laughter. Only Yeo-hae did not know how to smile. His eyes do not move as if they were glued to Eun-joo. Those eyes seem to be mesmerized. However, his eyes are not ecstatic at seeing something pretty and beautiful. It is a look as if he is burning with strange thirst and appetite. .
He seems to want to take a sip of those cool, smiling eyes like clear water.He seems to want to take a bite of his cheeks, which are brightly red

like fresh apples, and his chin, which is soft and fluffy like a peach.

.He lit another cigarette. He smoked for a while without paying attention and then shook out the ash. Because his eyes were focused on Eun-ju, he dropped the ash and jumped over the ashtray and rolled on the floor. Eun-ju's laughter, which she was trying to calm down, burst out again when she saw this cigarette ash.

It looks like she really couldn't bear the boisterous laughter this time. She hid behind her sister-in-law's back and laughed loudly like a child.

"Is smoking that funny?"

Yeo-hae also moves one side of his mouth as if he can't smile this time.

"It's not funny….."

Eun-joo was repeating Yeo-hae's words back, but it was also funny that her own words came out so rudely. She laughed again as she nudged her sister-in-law in an attempt to escape the embarrassing scene.

Young-ae pretends to take out a grown-up baby hiding behind her back and makes excuses for Yeo-hae.

"He can't smoke in prison. That's why everything is awkward."

Eunju barely sat upright.

"Can't anyone smoke in prison?"
"Well, some people smoke it secretly sometimes, but everyone punishes them hard if they get caught."
"Bee for smoking?
"Then… they beat people to death and handcuff them even when they eat."
Yeong-ae parrots the knowledge she gained from Yeo-hae earlier.
"What are handcuffs?"
"Don't prisoners wear locks or something on their hands?"
"How do you put a lock on a person's hand? Then how do you use your hand to spoon?"
"That's why it's such a big deal."
"absolutely?
"Eun-joo opens her eyes and looks at Yeo-hae as if asking. Since Yeo-hae did not answer quickly, Eun-joo pursed her slightly short upper lip and
"teacher!"
And called out. She hesitated for a while, not knowing what to call Yeohae.
"Teacher! Do they really punish people for smoking in prison?"(Continued in next issue)

최영 나는 현정건이다 1

햇빛이
경성의전 병원 창문 밖 건너의 빌딩에 붙어서 자란다
곧 한 줌의 흙이 될 몸에서
갈비뼈와 주름이 담쟁이넝쿨처럼 자란다
욕창이 자란다

잠시 정신이 들면 현계옥의 안부가 자란다
독립자금을 하려고
대구은행 본점에서 1만500원<10억>을 출금한
이종암에게도 죽음이 자라고 있다
송계백은
25세 밖에 안됐는데!

가까스로 밀어올린 눈꺼풀이 다시 아래로 자란다
붉으스름한 젖꼭지가 비틀어져서 자란다
수염이 자란다
광대뼈가 자란다

내가 돌아누울 때 떨   몸을 하염없이 / 바라본다
어진 각질들이 / 전생의

나는 현정건이다 2 최영

하나님도 부처님도 아니다
조선의
독
립
이
다

독립운동을 한다고
하얀 수건을 따뜻한 물에 적시어 짜서
사랑스럽게 닦아주는
아내 윤덕경의 얼굴이 복숭아 빛이라는 걸
몰
랐
다

입 안이 협곡이다
갈라지고 부어올랐다
조심스럽게 넣어준 흰죽이 입술 밖으로
흘
러
내
린
다

나는 39세에 죽어가고
있
다

김성순의 경주여행

포석정지

비극의 장소요, 당대 풍류성사의 옛터인 포석정鮑石亭 자리는 지금도 뚜렷이 남았다. 전복 모양으로 돌동을 짜 놓고 교묘한 곡선을 그린 유상곡수流觴曲水의 운치 있는 놀음자리가 아직도 행인들에게 옛일을 설명해 준다.

함박처럼 넓적한 돌함에 술을 가득히 담아 놓고 그 술을 떠서 흘리면 술 담은 잔은 맑은 물이 미는 대로 흐르고 또 흘러 꼬불꼬불한 구비마다 걸음을 멈추고, 그 잔이 닿는 구비에 앉은 사람은 그 잔을 말리게 된다.

청풍에 노래 뜨고 청류에 술잔 뜨고 도도한 시흥은 가슴에 떠오를 때면, 백만 대병이 문앞을 짓쳐들어와도 자리를 옮기기 싫기도 하였으리라. 지금은 아름드리 수백 년 묵은 고목 아래 큼직한 두꺼비 한 마리가 옛일을 비웃는 듯이 입을 비죽거리고 있을 뿐인데 …

현진건 선생께서 포석정을 찾았던 시기가 7월초니까 딱 우리가 답사한 때와 맞닿아 있다. 포석정 위치는 경주시 배동 454-3번지.

신라천년, 고려, 조선을 거쳐 오늘에 남아 있는 포석정을 우리는 어떻게 받아들여야 할까? 보통은 경애왕이 이곳에서 술을 마시고 놀다가 견훤 군에게 잡혀 죽었다는 기록을 근거로 포석정은 술판이나 벌인 장소로 인식이 되어 있다.

하지만 우리네 술 문화가 어지러워진 데에는 일제 강점기 시대의 영향이 크다고 생각한다. 쌀 한 톨을 귀하게 여기는 농경사회에서 술 한 방울의 가치는 상상 이상이었을 터이다. 술이 귀히 여김은 제사 때 사용된 것만 보아도 그렇고, 음복 문화에서도 그렇다. 경애왕도 포석정에서 나라의 운명을 예측하고 또 견뎌낼 묘안을 짜내고자 마지막 몸부림을 쳤을 법하다.

경주는 다른 곳들도 대체로 그렇지만 포석정 또한 주자창이 넓고 좋다. 입장료가 성인 1인 기준으로 2000원인데, 차량번호를 알려주면 주차는 무료이다. 늘 느끼는 것이지만 문화관광해설사님들이 참 친절하시다.

매표를 하고 나면 바로 '포석정지 방문자 센터'이다. 센터안에는 포석정을 그대로 옮겨 놓은 모형 포석정이 있다. 술잔만 없다 뿐이지 거북이 모형에서 물이 콸콸콸 솟아나고, 전복 모양의 포석정을 빙 둘러가며 고요히 물이 흐른다. 그 시절 시작에 능했던 사람은 자기 자리에 술잔이 멈추기를 바랐을 것이고, 시창작에 약했던 사람은 술은 간절히 원하면서도 자기 자리를 술잔이 스쳐 흘러갔으면 하고 바랐을 성싶다.

모형이 실물보다 더 실감난다는 느낌을 안고 발길을 옮겨

본다. 포석정 실물 앞에 선다. 7월 하늘 아래 포석정은 매우 초라하다. 우람하고 빽빽한 잎으로 메웠던 포석정의 하늘은 마르고 비틀어진 고목이 자리를 차지하고 있다. 바람이 조금만 불었더라면 흙먼지가 일어날 판이다.

포석정 안으로는 들어갈 수 없게 경계를 쳐 놓았다. 안내문에는 이곳이 유상곡수연을 하던 장소로 추정되는 유적이고, 유상곡수연은 굽이 도는 도랑물에 술잔을 띄워 놓고 그 술잔이

자기 앞에 오면 시를 읊던 놀이를 말하며, 원래 돌거북이 있었는데 돌거북이 남산에서 내려오는 물을 받아서 내보내면 이 물이 돌로 만든 구불구불한 물길을 따라 되돌아오는 구조였다고 안내한다. 물이 흐를 때 주 흐름이 반해서 생기는 회돌이 현상을 이용해 물이 흘러가는 경로를 다양하게 했다는 것이다.

풍류가 멋의 최극상이다. 술잔을 받고 시를 한 수 짓고 물의 흐름을 느껴가며 한잔 술을 하는데 어찌 취할 수가 있을까 싶다. 얼음에 타서 마시는 우리네를 보면 수준이 낮다고 비웃을지도 모른다. 모든 것이 세월 속에, 그 시대를 따라 결정지어지는 것이 아닐까 싶다.

배동 석조여래삼존석불

발길을 돌려 이제 고古신라인들을 뵈러 간다. 바로 배동 석조여래삼존입상이다. 포석정에서 한 블록 정도만 이동하면 바로 삼불사를 가리키는 표지판이 보인다. 동네 어르신이 애호박, 풋고추, 감자, 나물을 주르륵 펼쳐놓고 팔고 계신다. 사람이 살고 있는 곳임을 엿볼 수가 있어 좋았다.

오르는 곳이 잘 정비되어 있다. 봄에 왔다면 꽃들이 지천일 듯한데 수국만이 멋들어지게 피어 있다. 두둥~! 드디어 삼존불상을 영접한다.

보호각이 닿을 듯 말 듯 설치되어 있다. 키가 크고 덩치가 있으시다. 지금도 웅장하게 와 닿는데 우리 고신라인들은 얼마나 경외감 넘치게 대했을까?

얼굴에 표정들이 살아 있고, 아이 같은 둥근 눈썹과 큼지막한 손이 인상적이다. 왼쪽의 대세지보살은 굵은 목걸이와 구슬 장식으로 발목까지 꾸며져 있다. 석불입상들의 모습이 살짝 통일성이 부족한 듯 느껴졌는데, 현지 안내판에 따르면 이곳 주위에 흩어져 누워있던 것을 한곳에 모아서 세우면서 그렇게 된 모양이다.

신라인들은 이곳에서 어떤 염원들을 아뢰고 빌고 빌었을까? 지금도 교회든지 절이든지 성당도 건축헌금이나 각종 헌금으로 신심을 나타내고자 하는데, 이 정도의 공력을 만들려면 몇 분이

나 모여서 마음을 모았을지 … 그리고 이곳에 계시면서 얼마나 많은 이들에게 평안을 주셨는지 …. 고古신라인들에게 고마운 마음이 뭉글뭉글 일었다. 손을 모아 합장을 하고 싶었으나 눈인사로 고마움을 대신했다. 그런 마음으로, 엽서를 준비해 두었다.

몇 장을 챙겨서 줄 사람을 생각해 두었다.
고구려, 백제가 왕실의 적극적 후원으로 불교를 받아들여진 반면 신라는 백성들 사이에 유행하면서 자연스레 받아들여졌기 때문에 경주의 대부분 불상들이 통일신라시대 작품인데 배리 삼존석불은 고신라의 대표적인 석불이라 한다. 사실 지금은 고신라든 통일 신라든 무엇이 중할까 싶다. 내 마음을 다해 빌면서 내 마음에 평안을 준다면 신라인들이 남겨준 석불들이 현재성을 확보하지 않나 싶다.

경주 여행을 다니면서 내 생각과 반경이 넓어지고 깊어짐을 느낀다. 그래서 역사란 과거와 현재의 대화인가 보다. 단순한 우물, 무덤, 석불임에도 우리 선조들이 어떻게 살고 살아냈는지를 보여주고 있다. 삶이 팍팍하고 선에서 이탈하고 싶을 때 배

리 석불입상을 기획하고 만들고 자금을 조달하고자 동분서주한 신라인들을 떠올려야겠다.

정기숙 연재수필 산과 나

금대봉과 대덕산

현충일이다. 미련해서 그런지, 호국영령에 대한 추념보다는 휴일이라는 생각이 앞선다. 나는 한심한 인간인가!

등산인에게 가보지 않는 산을 가는 것은 약간의 흥분을 가져온다. 미지의 산과 풍경을 보는 것은 신선한 생각을 불러일으킨다. 등산은 항상 사람을 신나게 하니 등산을 어찌 좋지 않다고 말할 수 있을까?

등산은 시간을 낭비하고 귀찮은 일이라고 생각하는 사람이 많은데, 산행의 의미를 모르는 데 연유한다고 생각된다. '**仁者樂山知者樂水**'란 말의 의미를 아는 사람은 그렇게 말하지 않을 것이다. 직역을 하면 '인자는 산을 좋아한다'이지만, 속뜻은 '산은 사람을 어질게 한다.'이다.

이번 금대봉과 대덕산 산행은 KJ산악회를 따라 등행했다. KJ산악회는 등산인에게 다시없는 산악회이다. 임오상 군은 허리를 조금 다쳐서 오지 못하였고, 유동수와 동행하였다. 대상 28회 동기 중 장거리 산행에 참가하는 친구가 많았으나, 지금은 유동

수, 임오상 뿐이다. 같이 갈 수 있는 친구들이 몇 명 있는데 요즈음은 가지 않으려고 한다.

6시 40분쯤 대구를 출발해서, 등산 시작 기점 싸리재(두문동재)에 10시 30분쯤 도착했다. 싸리재를 오르니 새 길과 터널이 뚫려있어서 길 잡는 데 혼선을 빚어 20분가량 지체되었다. 싸리재가 1,200m 정도이기 때문에 금대봉(1418.1m)을 오르는 데는 20분정도 걸렸다.

소문대로 야생화가 지천이다. 금대봉과 대덕산(1307.1m)은 자연생태 보존지역으로 지정되었다고 한다. 산꽃깔꽃, 쥐오줌풀, 큰앵초, 산조팝, 미나리아재비 등 야생화가 만발이다. 자연환경이 좋은 때문인지 꽃의 색깔이 선명하다. 큰앵초는 여기서 처음 보는 것 같다. 이외에도 알 수 없는 야생화가 수없이 많다.

차 안에서, 정교 가이드가 야생화를 아는 분은 큰소리로 무슨 야생화라고 크게 말하라고 당부한다. 일행 중 야생화에 대해 아는 분이 있었다. 그분으로부터 야생화의 이름을 들었으나 이내 잊어버리고 말았다. 나이 탓이겠지! 그러나 필기도구를 미리 준비하지 않은 것을 스스로 원망하였다.

금대봉과 대덕산 사이는 1시간 반의 거리이다. 능선이 완만하여 어렵지 않게 산행할 수 있었다. 유동수 군은 참으로 좋은 곳이라고 몇 번이나 말하곤 한다.

금대봉에서 한 30분 정도의 거리에 '한강 발원지'라는 '고목나무샘'이 있다. 샘이라고 할 것도 없을 정도로 조그만 하다. 그저 물기가 있을 뿐인데, 한강발원지라고 하는 것은 무리인 것 같다. 고목나무샘 한참 아래 일반적으로 한강의 발원지로 알려진 '검용소'가 있다.

앞서 간 유재두 선생 일행이 보이지 않는다. 옆길로 잘못 들

어서서 뒤에 온다고 한다. 대덕산 아래서 오이와 초콜릿을 먹고 갈증과 시장기를 없애고, 대덕산을 올랐다.

정상에 12시 30분쯤 도착하였다. 점심을 맛있게 먹고 하산했다. 하산 도중에 검용소를 보았다. 3시쯤 안창주 주차장에 도착했다. 4시에 출발하여 대구로 돌아오니, 도착했을 때가 오후 8시였다. (2006년 6월 6일)

대구 독립운동유적
120곳 답사여행 제 2권
동구 북구 수성구 달성군 편
- 빼앗긴고향 21호

지은이 정만진

펴낸곳 국토

엮은곳 현진건학교

펴낸날 2024년 9월 2일

연락처 전송 053.526.3144

전자우편 clean053@naver.com

ISBN 979-11-88701-55-1   03910

18,000원